말에게 건네는 다정한 손길

이 책은 세종글꽃체를 사용하였습니다.

말에게
보내는
다정한
손길

차례

1부
말이 내게 말을 걸던 날
말과의 첫 만남에서 수의사의 꿈을 품기까지의 이야기

- 말과 눈이 마주친 순간 　　　　　　　　　　　　　10
- 풀 냄새로 시작된 인연 　　　　　　　　　　　　　16
- 내게 온 첫 번째 말 　　　　　　　　　　　　　　 23
- 말과 함께한 교실, 그리고 꿈의 시작 　　　　　　 31

2부
말 수의사가 된다는 것
수의대 시절부터 말 수의사가 되어가는 여정과 고민

- 수의사가 된다는 꿈의 시작 　　　　　　　　　　　42
- 진로의 갈림길, 그리고 선택 　　　　　　　　　　49
- 새벽 4시, 제주에서 시작된 이야기 　　　　　　　57
- 다시, 말 위에서 찾은 나 　　　　　　　　　　　　66

3부
말이 떠난 자리, 우리가 해야 할 일
경주가 끝난 말들의 삶과, 그들에게 두 번째 삶이 만들어지는 가능성

🌿 경주가 끝난 말들의 이야기	78
🌿 달리지 않아도 이어지는 삶	85
🌿 퇴역마, 세계는 어떻게 돌보고 있을까?	94
🌿 변화는 시작되고 있었다	102

4부
말과 사람이 함께 살아간다는 것
나의 말 선생님, 그리고 공존의 철학

✱ 말의 말, 마음의 말	114
✱ 말이 행복해야 사람도 행복하다	123
✱ 말과 사람이 함께 걷는 길	129
✱ 말언젠가 말을 위한 집을 짓는다면	136

에필로그   144
부록

재미로 보는 내 말의 MBTI	150
말과함께 배우는 성장의 시간, EAL	161
IFAR Aftercare Toolkit 6 가지 전략	167

1부

말이 내게 말을 걸던 날

말과의 첫 만남에서 수의사의 꿈을 품기까지의 이야기

말과 눈이 마주친 순간

한 여름 중국 내몽고 지역은 상상보다 훨씬 뜨거웠다. 머리 위로 내리쬐는 햇볕은 무겁고도 집요했고, 그 아래 펼쳐진 모래 사막은 뿌연 열기로 가득했다.

모래 언덕 위로 바람이 불 때마다, 고운 먼지가 천천히 흩어졌고 하늘은 말도 안 되게 높고, 또 믿을 수 없을 만큼 푸르렀다.

그 고요한 사막 위엔 낙타들이 묵묵히 줄지어 서 있었고, 그 옆에선 관광객들이 북적이며 차례를 기다렸다. 선글라스를 쓴 사람들이 웃으며 셀카를 찍고, 낙타에 오르기 위해 줄을 서는 풍경은 이국적이면서도 왠지 낯설지 않았다.

그 시끌벅적한 풍경 속에서, 나는 문득 아주 고요한 존재 하나에 눈을 빼앗겼다.

모래 위에 홀로 앉아 있던 말 한 마리. 갈기가 부드럽게 흘렀고, 하얀 털은 햇빛을 받아 은은하게 반사되며 단정하고도 또렷하게 빛나고 있었다.

주변의 낙타들과는 조금 달랐다. 딱히 존재를 드러내는 행동은 하지 않았지만 그 안에서 느껴지는 에너지는 묘하게 강렬했다. 우아하면서도 도도했고, 어딘가 순수한 기운이 느껴졌다. 말을 바라보는 순간, 주변의 소음은 천천히 멀어지는 듯했다.

"한 번 타봐. 재밌을 거야."

낙타를 권하는 목소리가 들렸지만, 나는 고개를 저었다.

낙타보다는, 그 말이 타고 싶었다. 이유는 없었지만 마음이 움직였다.

끌린다는 건, 어쩌면 그렇게 소리없이 시작되는 일인지도 모른다.

현지 아저씨가 투박한 손길로 등을 두드리자, 말은 천천히 일어섰다. 사막 바닥 위로 퍼지는 묵직한 소리와 함께, 말의 몸에서 모래가 부드럽게 흩어졌다. 나는 조심스럽게 말 위에 올랐다.

처음엔 말도 나도 말이 없었다. 서로를 살피는 듯한, 조심스러운 긴장감이 공기 속에 떠 있었다.

그러다 아저씨가 말의 엉덩이를 가볍게 치며 소리쳤다. 말이 움직이기 시작했다. 느릿하게 걷던 발걸음은 어느 순간 달리기로 바뀌었고, 나는 그 흐름에 몸을 맡겼다.

사막의 바람이 얼굴을 스쳤다. 말의 등에서 느껴지는 움직임은 강하고도 부드러웠다. 심장은 두근거렸고, 몸은 말의 리듬에 자연스레 녹아들었다.

그 순간, 세상이 잠잠해졌다. 사람들의 웃음소리도, 낙타의 낮은 울음도, 이국적인 음악 소리도 들리지 않았다.

오직 말의 숨소리와 발굽이 모래를 치는 소리만이, 내 안에 깊게 들어왔다.

말 위에서 바라본 세상은 조금 달랐다. 하늘은 더 가깝고, 사막은 더 고요하게 느껴졌다. 나는 그 풍경의 일부가 된 것 같았다.

'내가 이 아이를 믿고, 이 아이도 나를 믿는다.'

짧은 순간이었지만, 그런 생각이 들었다. 둘만 아는 비밀을 나누는 듯한 느낌. 말의 리듬이 나의 호흡과 하나가 되는 기분.

달리던 말이 멈췄다. 나는 천천히 말에서 내려, 다시 그 아이를 바라봤다. 말은 아무 말도 하지 않았지만, 모든 걸 알고 있다는 듯한 눈빛으로 나를 바라보고 있었다.

여행은 계속되었지만, 그 순간은 마음속에서 사라지지 않았다. 문득문득 떠오르는 장면들. 사막 위를 가르던 바람, 말의 온기, 그리고 말이 나를 바라보던 그 깊은 눈빛.

그때는 몰랐지만, 그 말은 단지 나를 태워준 것이 아니라, 어떤 세계의 문 하나를 열어준 존재였는지도 모른다.

그날 이후, 말이라는 존재는 내 마음속에 조용히 자라나기 시작했다.

말은 내게 말을 걸었고, 나는 그 말을 들었다.
그게, 나와 말의 인연의 시작이었다.

풀 냄새로 시작된 인연

여행에서 돌아온 지 며칠 뒤, 거실 식탁 위에 놓인 〈교차로〉 신문이 눈에 들어왔다. 무심코 넘기던 종이 한 귀퉁이에서 한 줄 광고를 발견했다.

"승마장 회원 모집"

그 문장을 읽는 순간, 그동안 마음속에 맴돌던 생각이 단번에 선명해졌다. 그 말, 그 순간, 그 기분을… 다시 만나고 싶었다. 낯설지만 단단한 울림 같은 것. 가만히 앉아 있을 수는 없었다.

엄마에게 신문을 내밀며 말했다.

"엄마, 우리 여기 가보면 안 될까?"

엄마는 잠시 신문을 들여다보더니 웃으며 고개를 끄덕였다.

처음 찾아간 승마장은 생각보다 수수했다. 넓은 부지 안에 오래된 마구간과, 진흙이 섞인 흙바닥, 군데군데 놓인 말똥과 낡은 지붕, 시골 축사 같은 느낌이었다.

하지만 이상하게 거부감은 들지 않았다. 바람에 실려 오는 풀 냄새, 오래된 마구*의 가죽 향, 그리고 어딘가 고소하게 느껴지는 말 특유의 체취는 익숙하지 않지만 불쾌하지 않은, 알 수 없지만 좋은 따뜻함을 품고 있었다.

한 마리의 말이 다가왔다. 크고 부드러운 눈으로 나를 바

---

*말을 타거나 다룰 때 쓰는 안장, 고삐 등 말에 착용하는 장비 전체를 이르는 말

라보며 조심스럽게 코를 내 쪽으로 가져다 댔다.

말랑한 코와 따뜻한 숨결에 순간 긴장이 스르르 풀렸다.

그날은 그저 구경만 하고 돌아올 생각이었다. 그런데 승마장 원장님이 말을 꺼내오셨다.

"처음 왔다고 그냥 가면 섭섭하지. 한 번 타봐."

이름은 깜순이. 검은 털을 가진 나이 많은 암말이었다. 사람들은 그녀를 '할머니'라 부르며 친근하게 대했다.

중국에서 만났던 말보다 훨씬 컸다. 등에 오르는 순간, 다시 한번 위에서 바라본 세상은 낯설었다. 하지만 그 낯선 높이에서 느껴지는 움직임은, 어디서도 경험할 수 없었던 감각이었다.

깜순이는 조용히 움직였다. 작은 나를 배려하듯 느릿하게 걸었고, 나는 그 고요한 걸음에 몸을 맡기며 말이라는 존재에 조금씩 스며들었다.

가슴 안쪽이 천천히 뜨거워지는 기분이었다. 두렵지는 않았고, 낯설지만 이상하게 편안했다. 무언가 오래 기다렸던 순간이 조용히 도착한 것 같았다. 말로는 다 담기지 않는, 그저 '좋다'는 말로는 어림없는, 조용하지만 분명한 감동이었다.

🌰 🌰 🌰

그때부터 나는 거의 매일 승마장에 갔다. 학교가 끝나면 학원이 아닌 마구간으로 향했고, 주말이면 친구보다 말과 함께 있는 시간이 더 많아졌다.

처음엔 깜순이와 천천히 마장**을 돌며 걷기만 했지만, 점차 말 위에서의 움직임이 익숙해졌고, 말의 숨결, 걸음, 반응 하나하나가 소중해졌다.

어느 날은 깜순이와 풀밭을 산책하며 가만히 마주 앉아 있는 시간이 좋았다.

**말을 타거나 훈련시키는 장소. 말을 돌보거나 조련하는 공간

깜순이는 풀을 뜯고, 나는 그 곁에 쪼그려 앉아 그저 바라보았다. 바람이 풀잎을 흔들고, 말이 풀을 뜯는 소리가 일정한 리듬으로 들려왔다.

그 순간은 세상과 잠시 분리된 시간 같았다. 내가 숨 쉬는 방식이 달라졌고, 마음이 부드럽게 고요해졌다.

말이라는 존재는, 내게 단순한 취미의 도구가 아니었다. 함께 시간을 공유하는 존재, 마음을 나누는 친구가 되어가고 있었다.

🌱 🌱 🌱

처음엔 말 위에 올라탄다는 것 자체가 신기했고 설레었지만, 시간이 흐르며 점점 내 마음 안에 다른 감정이 싹텄다. 말과 '함께 있는 것' 자체가 전부가 아니게 되었다. 이 아이들이 어떤 삶을 살고, 어떤 감정을 품고 있는지를 더 알고 싶었다.

말을 돌보는 법을 배우고, 표정과 행동을 읽어내는 법을 배웠다. 말과 눈을 마주보는 그 순간들이 내 하루 중 가장 진심이 되는 시간이 되었다.

🌱 🌱 🌱

말이라는 존재는, 생각보다 훨씬 더 깊고 다정한 세계였다. 나는 그 세계에 조심스럽게 발을 들이고 있었고, 그 문 너머에는 아직 내가 모르는 수많은 이야기들이 기다리고 있었다.

그중 하나, 내 인생 첫 번째 말과의 이야기가 시작된다.

내게 온 첫 번째 말

 승마장을 다닌 지 어느덧 1년이 넘었다. 처음엔 낯설기만 했던 공간이 이제는 하루의 일상이 되었다. 내가 땀을 흘리고 숨을 골랐던 마장은 오후 햇살 속에서 나를 반겼고, 말들과 함께 걷고 달리던 순간들은 몸이 기억하고 있었다.

 말 위에서 느끼는 바람, 균형을 잡기 위해 온 감각을 집중시키는 그 리듬은 처음엔 어색했지만, 어느새 편안하고 자연스러운 일이 되었다. 그만큼 내 승마 실력도 점점 늘었고, 장애물을 넘는 점핑 훈련까지 할 수 있게 되었다. 높은 허들을 향해 날아오를 때마다 말과 나의 숨결이 하나로 겹쳐지는 그 순간이 무서울 만큼 짜릿했다.

말은 이제 나에게 단순한 동물이 아니라 삶을 함께 살아가는 존재가 되어가고 있었다.

처음엔 늘 깜순이와 함께였다. 나보다 훨씬 덩치가 크고 느긋한 걸음으로 내 승마 생활의 가장 처음을 다정하게 이끌어준 말. 하지만 시간이 흐르며, 내 말 친구에도 변화가 생겼다. 점점 뽀미와 함께하는 시간이 많아졌다.

🌰 🌰 🌰

뽀미는 8살의 더러브렛, 경주마 출신의 암말이었다. 활발하고 영리한 성격을 가진 아이였다. 경주마의 기질이 여전히 남아 있어서 눈빛은 날카롭고, 동작은 민첩했다. 조금만 방심하면 잽싸게 방향을 틀어 곤란하게 하기도 했고, 마음에 들지 않는 날엔 고개를 홱 돌리고는 애써 날 외면하는 척하기도 했다. 처음엔 다루기 어렵다는 얘기도 들었지만, 나는 오히려 그런 면이 좋았다. 솔직하고 거침없는 그 기질이 왠지 그 시절 나와 닮은 것 같기도 했다.

뽀미의 몸에는 오래된 상처가 있었다. 엉덩이 쪽, 털 사이로 약 30센티미터 정도 되는 커다란 흉터. 누군가는 무심히 지나칠 수도 있었겠지만 나는 그 상처를 볼 때마다 눈길이 잠시 멈췄다. 무슨 일이 있었을까. 얼마나 아팠을까. 뽀미는 말을 하지 않지만, 그 흉터에서 느껴지는 과거의 무게가 느껴졌다.

뽀미는 승마장 소유의 말이었기 때문에 언제나 내가 탈 수 있는 건 아니었다. 어떤 날은 다른 사람의 기승을 멀리서 바라볼 수밖에 없었고, 가끔은 거칠게 다루는 사람들의 손에 맡겨지는 모습을 보아야 했다. 그럴 때면 마음이 너무 아팠다. 말이 그저 운동 도구처럼 취급받는 장면을 지켜보는 일은 감당하기 어려운 일 중 하나였다.

내가 말에게 느끼는 애정은 어쩌면 그 순간마다 더 단단해졌는지도 모른다.

🌱 🌱 🌱

어느 날, 승마장 원장님이 조심스럽게 말을 꺼냈다.

"다정아, 뽀미 입양 생각해 본 적 있어?
너라면 잘 돌봐줄 것 같아서."

순간 가슴이 쿵 내려앉았다. 놀람과 설렘, 그리고 잠깐의 망설임이 동시에 밀려왔다. 하지만 오래 고민하지는 않았다. 뽀미를 공용의 말로 쓰이게 둘 수 없다는 생각이 마음을 밀어 올렸다. 그 아이가 내 말이 된다면, 이제 누구의 손에도 휘둘리지 않고 평온한 하루를 보낼 수 있을 것 같았다.

그날 밤, 집에 돌아오자마자 통장을 꺼냈다. 새뱃돈, 용돈, 그리고 친구 생일 모임에서 아끼며 모은 조각 같은 돈들. 내가 할 수 있는 모든 걸 꺼내 들었다. 그리고 뽀미를 입양했다.

그리고 그 다음날, 뽀미는 '승마장의 말'이 아니라 '나의 말', 그리고 무엇보다 '**나의 친구**'가 되었다. 그 순간 밀려온 기쁨과 책임감이 이제부터 진짜로 말과 함께 살아간다는 사실을 실감나게 했다.

🌰 🌰 🌰

뽀미와 함께한 시간들은 말로 다 표현할 수 없을 만큼 소중했다. 지역 승마대회에 함께 출전해 상도 받았고, 외승을 나가 산과 들을 달리며 계절의 변화를 온몸으로 느꼈다. 초록이 짙어지던 여름, 노란 잎이 바람에 흩날리던 가을, 숲길을 따라 걷거나 낯선 오솔길을 마주했을 때 뽀미는 언제나 망설임 없이 앞장섰다. 그 아이의 걸음을 따라가며 나는 조금씩 용기를 배워갔다.

달릴 때면, 내 몸은 말 위에 있었지만 마음은 더 높이, 더 멀리 날아가는 듯했다. 그 속도와 숨결 속에서 느껴지는 자유는 말을 처음 만났던 내몽고의 바람보다도 훨씬 진하고 따뜻했다.

뽀미는 나의 하루였고, 마음을 털어놓을 수 있는 친구였고, 함께 호흡하며 달리는 든든한 동료였다. 지금 생각해보면, 그 시절의 나는 누구보다 말과 가까운 사람이었다.

🌱 🌱 🌱

하지만 모든 만남에는 이별이 찾아오는 법이다. 중학교 마지막 해가 다가오면서 고등학교 진학 준비로 하루하루가 바빠졌다. 학교 수업과 과제, 진로 탐색 사이에서 자연스럽게 승마장에 가는 발걸음이 줄어들었다.

뽀미는 여전히 반갑게 다가와 주었지만, 언젠가부터는 외로움을 더 잘 견디는 존재처럼 보였다.

그 무렵, 승마장에서 내가 '멋쟁이 이모'라 부르던 한 회원이 계셨다. 자신의 말은 없었지만 뽀미를 유독 아끼던 분이었다. 내가 못 오는 날이면 뽀미를 산책시켜 주었고, 그 아이를 다정하게 빗겨주던 모습이 기억에 남았다. 그 사람과 함께 있는 뽀미는 내가 있을 때만큼이나 편안해 보였다.

'혹시, 이모라면 뽀미를 더 잘 돌봐줄 수 있지 않을까?'

문득 마음속에 그런 질문이 떠올랐다. 그리고 며칠을 고민한 끝에, 나는 나의 욕심보다 뽀미의 행복을 우선하기로 했다.

"이모, 뽀미를 맡아주실 수 있나요?"

내 목소리는 작게 떨렸지만, 이모는 따뜻한 미소로 답해주었다.

"뽀미를 내가 더 잘 챙길 수 있다면 영광이지. 정말 괜찮겠어?"

눈가가 시큰해졌지만, 나는 고개를 끄덕였다. 그렇게, 뽀미는 이모의 말이 되었다.

며칠 동안은 승마장 가는 길이 괜히 멀게 느껴졌다. 하지만 이모와 함께 있는 뽀미는 전보다 훨씬 더 여유롭고 따뜻해 보였다. 산책을 나설 때면 귀를 쫑긋 세우며 숨을 훅 내뿜었고, 이모의 손길에 살며시 고개를 기대며 눈을 감기도 했다.

가끔 승마장에 들러 뽀미를 만나면, 그 아이는 여전히 나를 기억하는 듯 코끝을 내밀어 주었다. 그럴 때면 마음 한구석이 따뜻해졌다. 함께한 시간은 사라지지 않았고, 우리의 우정은 그 자리에 여전히 남아 있었다.

"사랑한다는 건 때론, 더 나은 선택을 위해 놓아주는 것.
뽀미는 나에게 그걸 가르쳐준 말이었다."

말과 함께한 교실, 그리고 꿈의 시작

'정말 이게 맞을까?'

중학교 3학년. 친구들은 다들 인문계 고등학교를 향해 한 걸음씩 나아가고 있었다. 학원에 다니고, 독서실에서 문제를 풀고, 시험과 내신에 인생을 건 듯한 분위기. 당연한 길 같았지만, 내 마음은 늘 망설이고 있었다.

열심히 공부하면 좋은 학교에 갈 수는 있겠지만, 그 길 끝에서 웃고 있는 내 모습은 선명하게 그려지지 않았다.

'이걸 끝까지 버텨내면, 정말 행복해질까?'

하루에도 몇 번씩 떠오르는 질문이었다.

그 무렵, 승마장 원장님이 조용히 건넨 말 한마디가 내 마음을 건드렸다

"다정아, 말도 타고 공부도 할 수 있는 고등학교가 있어. 대학교 진학도 가능하고, 너처럼 말을 좋아하는 아이들이 많이 가."

그 말에 처음으로 '다른 길'을 상상하게 되었다.

전라북도 장수에 있는 한국마사고등학교. 전교생 120명 남짓의 작은 기숙형 학교. 그리고 하루 두 시간, 말과 함께하는 정규 승마 수업.

'말과 함께하는 학교라니.'

그 문장이 머릿속을 떠나지 않았다. 처음 들어보는 학교

이름에, 낯선 지역, 낯선 환경. 생각할수록 막막해졌지만 이상하게 마음 한편이 편안해졌다. 말이 있는 곳이라면 숨 쉴 수 있을 것 같았다. 낯설고 무서운 것도 많았지만, 나는 믿고 싶었다. 말이 있다면, 괜찮을 거야.

기숙사 문을 열던 첫날의 기억은 아직도 또렷하다. 낯선 공기, 낯선 얼굴들, 낯선 침대와 담요 냄새. 작은 방 안에 모여든 사춘기 아이들의 감정은 조금만 건드려도 쉽게 일렁였다.

처음엔 조용한 말투로 시작했던 대화가 작은 오해로 갑자기 싸움이 되기도 했고, 말 한마디로 울음을 참지 못하는 아이도 있었다. 낯설고 복잡한 감정 속에서 내가 찾은 유일한 위로는 승마 시간이었다.

하루 두 시간, 말과 함께하는 수업은 말 그대로 '숨구멍' 같은 존재였다. 마방에 들어서면 말들이 고개를 들고 나를 바라봤다. 그 눈빛 하나에 긴장이 풀렸고, 코끝을 맞대는 짧

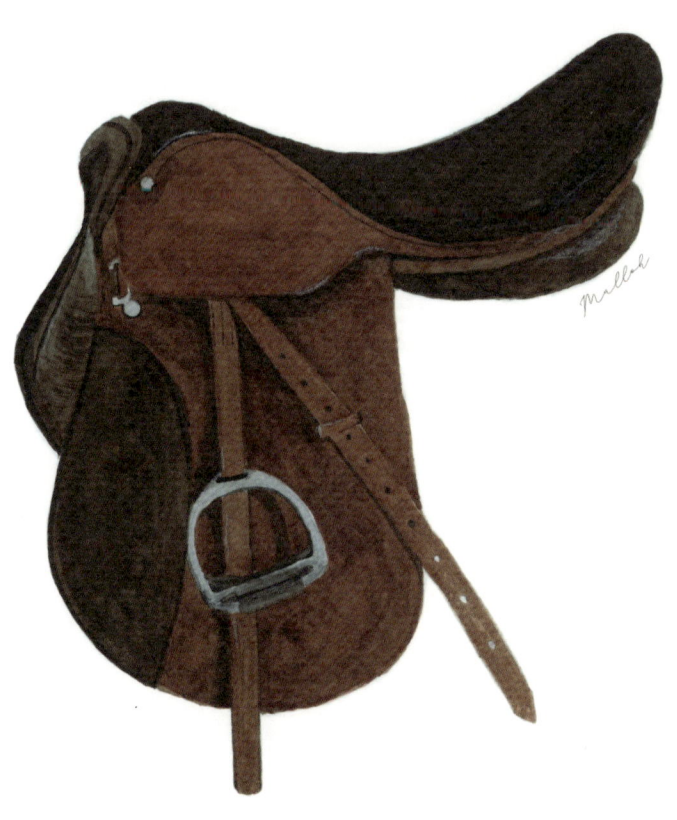

은 순간이 마음을 덮었다.

 승마수업이 시작되기 전에 조금이라도 더 말을 타고 싶어서 나는 누구보다 빨리 마장으로 달려가곤 했다. 안장을 얹고, 고삐를 정리하고, 말에게 말을 걸었다. 그 순간만큼은 이곳이 낯선 곳이라는 사실조차 잊을 수 있었다.

 ◎ ◎ ◎

 함께 지내는 친구들도 나와 비슷했다. 말을 좋아하고, 말과 함께하는 시간을 소중히 여기는 아이들.

 우리는 일주일에 한 번씩 마방을 청소했다. 말똥을 치우고, 건초를 나르고, 땀을 흘리며 함께 움직였다. 툭툭 던지는 농담에 쌓였던 서운함이 녹아내리고, 함께 웃는 순간들이 쌓였다. 말은 사람과 사람 사이를 이어주는 조용한 다리였다.

 학기마다 학생 두 명이 한 마리의 말을 배정받아 관리하고 기승했다. 말 마다 성격도 다르고, 반응도 다르기에 그 말과 진짜 친구가 되는 데는 시간이 필요했다.

처음엔 귀를 젖히며 경계하던 말이, 시간이 지나고 어깨에 머리를 기대는 날도 있었다. 그런 변화들이 마음을 흔들었다.

🌰 🌰 🌰

그 중 유독 기억에 남는 말이 있었다. 비룡제천, 우리는 줄여서 애칭 '비제'라고 불렀다.

학교 안에서 유명한 말이었다.

'비제가 세 번 울면 낙마*한다.'

농담처럼 돌던 말이었지만, 기승하는 입장에선 농담이 아니었다.

---

*낙마: 말을 타다가 말에서 떨어지는 일. 주로 갑작스러운 사고를 가리키는 말

호기심 많고 장난기 많은 아이. 처음엔 비제가 나를 곤란하게 만드는 줄 알았지만 함께한 시간이 쌓이면서 알게 되었다.

그 아이는 그저 관심이 필요했고, 누군가와 놀고 싶어 했다.
어느 날, 속상한 일이 있어 조용한 저녁시간 마방에 들어갔다. 비제는 가만히 다가와 내 어깨에 코를 댔다. 그날만큼은 장난도 없고, 튀는 행동도 없었다. 그저 그 자리에, 나와 함께 조용히 서 있었다.

말은 말을 하지 않아도 충분히 많은 걸 전할 수 있다는 걸 나는 그날 깨달았다.

🌱 🌱 🌱

물론, 좋은 순간만 있었던 건 아니다. 어느 날, 함께 지내던 말 한 마리가 심한 복통으로 일어나지 못했다.

산통. 말의 장이 꼬이거나 막혀 극심한 통증을 일으키는 병. 심하면 수술이 필요했다.

하지만 우리 학교는 시골에 있었고, 수의사가 즉시 도착하기 어려웠다. 수술할 수 있는 여건도 아니었다.

결국 그 아이는 떠났다. 그 날의 무력감은 아직도 선명하게 남아 있다.

'우리가 조금만 더 빨리 뭔가를 했더라면…'

그 생각이 머릿속을 떠나지 않았다.

그때, 단순히 말과 친해지고 싶은 게 아니라 말에게 도움이 되는 사람이 되고 싶다는 마음이 생겼다.

𝓞 𝓞 𝓞

처음엔 말을 조련하는 사람이 되고 싶었다. 말의 마음을 읽고, 교감하며, 친구처럼 다가갈 수 있는 사람.

하지만 산통 사건 이후, 그 마음이 바뀌기 시작했다.

말의 눈빛을 읽는 것만으로는 어떤 고통도 멈출 수 없었다. 따뜻한 손길만으로는 생명을 지킬 수 없었다.

그때 알았다. 좋아하는 것만으로는 지켜줄 수 없다는 걸. 나는 말들의 아픔에 응답할 수 있는 사람이 되고 싶었다.

그래서 수의사의 길을 결심했다.

말을 타는,
말을 위한,
말 수의사가 되기로.

그리고 그 선택이, 내가 말과 함께 살아갈 방법이 되었다.

2부

말 수의사가 된다는 것

수의대 시절부터 말 수의사가 되어가는 여정과 고민

수의사가 된다는 꿈의 시작

'말을 위해 할 수 있는 일이 있다면, 그건 말의 아픔을 덜어주는 일일지도 몰라.'

고등학교 시절, 말 수의사라는 단어가 내 마음속에 처음 들어왔던 날의 생각이었다. 어떤 단어는 처음 들었을 때보다, 몇 번 되뇌었을 때 더 선명해진다.

'수의사'. 그 단어는 내게 책임처럼 다가왔다.

그때부터 나는 이 길을 구체적으로 준비해 나갔다. 무엇을 해야 하는지 몰라 두리번거릴 필요는 없었다. 내가 가고

자 하는 방향이 분명해졌기 때문이다.

담임 선생님은 수의대 진학을 위해 필요한 점수와 선형을 함께 정리해주셨고, 가족과 친구들은 진심으로 응원해줬다.

'너라면 잘할 것 같아.'

그 말이 큰 힘이 되었다.

자연스럽게 내신을 철저히 관리하게 되었고, 생기부엔 동물 관련 봉사활동을 차곡차곡 채워 넣었다. 방학이면 친구들과 동물 보호소를 찾아갔다. 단지 기록을 위한 활동은 아니었다. 이런 시간들이 하나둘 쌓이면서 '내가 잘할 수 있는 일'과 '내가 좋아하는 일'이 서서히 겹쳐지고 있다는 것을 느꼈다.

🌱 🌱 🌱

그리고 수의대에 입학했다. 처음엔 모든 게 낯설고 어색

했다. 하지만 마음속엔 분명한 확신이 있었다.

'나는 지금, 내가 원하는 길을 걷고 있어.'

그런데 이상하게도, 수의대에 입학하고 처음 맞이한 1학년의 시간은 내가 꿈꿔왔던 수의학과는 조금 달랐다. 생각보다 말은커녕 동물에 대해 배울 기회가 거의 없었다. 전공보다 교양 수업이 더 많았고, 내가 기대했던 진로와는 조금 거리가 있었다.

그 대신 캠퍼스의 시간은 느슨하고 따뜻했다. 처음에는 그냥 친구를 따라 들어간 동물복지 동아리에서 어쩌다 보니 동아리 대표를 맡게 되기도 했다. 교내 유기 동물을 신고받고, 임시 보호처를 마련하고, 적절한 치료를 받은 뒤에는 새로운 가족을 찾아주는 활동을 했다. 어떤 날은, 입양을 앞둔 강아지를 데리고 병원에 다녀오고 다음 날은 아이의 사진을 올릴 글을 썼다.

그 아이들의 표정이 점점 편안해지고, 마침내 새로운 가족을 만났을 때, 나는 말하지 않아도 많은 것을 느낄 수 있었다.

그 시기, 동물과 사람 사이의 관계를 조금은 다른 시선으로 바라보게 되었다. 단순한 '돌봄'이 아니라, '이 아이를 더 잘 살아가게 해주는 것'이 복지라는 걸 처음으로 느꼈다.

함께 시간을 보내고, 다시 살아갈 준비를 함께하며 곁을 지킨 그 날들이, 천천히, 그리고 분명히 나를 바꿔놓았다.

누군가의 삶에 조용히 도움이 되는 일. 그건 생각보다 더 깊은 감정을 남겼고, '나는 어떤 사람이고 싶은가' 그 물음에 처음으로 스스로 답하게 해준 시간이었다.

🌱 🌱 🌱

하지만 예과의 여유는 오래가지 않았다. 본과에 올라가면서 전공 수업이 시작되었고, 수의대의 진짜 얼굴을 마주하게 되었다.

해부학, 생리학, 약리학, 병리학… 암기해야 할 양은 끝도 없이 많았고, 수업은 숨 가쁘게 이어졌다.

어느 순간부터는 '수의사가 되고 싶다'는 생각보다 '이 시험만 잘 넘기자'는 마음이 앞섰다.

지금의 하루가 너무 버거워서 처음 그 다짐조차 까맣게 잊을 때가 있었다.

말과의 거리도 점점 멀어졌다. 학교 근처엔 말을 만날 수 있는 공간이 없었고, 자연스럽게 말은 내 일상에서 자취를 감췄다.

그런 시간이 오래되자 내 안에서도 조금씩 공백이 생겼다. 처음엔 아무렇지 않게 넘겼던 말 없는 하루가, 마치 중요한 무언가를 어딘가에 두고 온 듯한 기분이었다.

🌱 🌱 🌱

그래서 다시 움직이기로 했다. 마음이 맞는 친구와 함께 작은 동아리를 만들었다.

이름은 '마리랑'.
'말과 나, 우리'라는 뜻을 담았다.

처음엔 동기들 몇 뿐이었지만, 곧 말이라는 동물을 한 번도 가까이서 본 적 없는 후배들이 함께했다.

"말은 생각보다 되게 크다!"
"근데 눈이 너무 순한데…?"

낯설어하던 아이들이 조금씩 말에게 다가가기 시작했다.

말을 바라보던 눈빛이 '무서움'에서 '신기함'으로, 그리고 어느새 '교감'으로 바뀌는 그 과정을 지켜보는 일은, 마치 처음 말을 만났던 내 모습을 다시 보는 것 같아 왠지 모르게, 보람이 남았다.

'거봐, 말이라는 동물을 쉽게 보질 못해서 그렇지.
한 번만 보면 정말 매력적이라니까.'

속으로 그렇게 생각하며 나는 웃었다.

승마장 원장님도 친근하게 학생들을 맞이했다.

"저 흰 말은 예민하고 성깔 좀 있데이~.
요 까만 앤 얌전하니까 너희 타기엔 딱이다, 응?"

그렇게 말들을 소개해주고, 시험 기간이 끝나면 직접 바비큐 파티까지 열어주곤 했다. 따뜻한 사람들과 따뜻한 동물들 사이에서, 잊고 지냈던 온기가 다시 조금씩 피어났다.

말은, 내가 처음 이 길을 꿈꾸게 만든 존재였다. 바쁘다는 이유로, 현실에 치인다는 이유로 말과 멀어져 있었지만, 그렇게 다시 말을 찾고, 말을 돌보고, 말을 소개하면서 나는 처음의 마음을 다시 꺼낼 수 있었다.

진로의 갈림길, 그리고 선택

본과 3학년의 후반이 되자, 마음 한켠에 초조함이 스며들었다. 친구들은 하나둘씩 자신의 길을 정해가기 시작했고, 점심시간엔 농담처럼 이런 말이 오갔다.

"이제 컨택 안 하면, 자리 없어진다."

나는 처음부터 말 수의사가 되고 싶었다. 하지만 막상 선택의 순간이 가까워지자 문득 이런 생각이 들었다.

'혹시 내가 너무 말만 바라보며 살아온 건 아닐까?'

수의학이라는 세계는 생각보다 넓고 다채로웠다. 공무원, 연구직, 제약회사, 반려동물 임상, 동물복지… 그 다양한 길을 들여다보지 않고 바로 지나치는 건 나 자신에게도, 말에게도 예의가 아니라는 생각이 들었다.

나는 경험해 보지 않고 후회하는 걸 싫어했다. 그래서 부딪쳐 보기로 했다. '롤 아웃 roll out'의 방식. 말과 관련이 없는 길들을 하나씩 경험해 보면, 내 마음이 어디로 향하는지 스스로 알게 될 것 같았다.

처음은 공중보건 분야였다. 실험 장비를 다루고, 데이터를 분석하며 시스템의 흐름을 익히는 시간은 생각보다 흥미로웠다. 국가 차원의 방역 체계를 이해하면서 수의사의 사회적 역할을 다시 보게 되는 순간도 있었다.

하지만 실험실에서 하루를 마무리한 저녁, 나는 이상하게도 조금 가라앉아 있었다. 작은 단서 하나를 따라가는 일은 매력적이었지만, 동물과 눈을 마주치지 않은 하루는 내게 맞지 않는 옷처럼 느껴졌다.

다음은 소동물 병원이었다. 어릴 적부터 강아지와 고양이를 좋아해 가장 익숙하고도 친근한 공간이었다. 진료실의 공기, 입원장의 울음, 보호자의 눈빛, 그 모든 것이 따뜻하면서도 낯설지 않았다.

하지만 어느 날, 입원장 옆 의자에 앉아 가만히 병실을 바라보던 순간이 있었다. 그 자리에서, 조용히 하나의 생각이 떠올랐다.

'말이 보고 싶다.'

내가 진짜 원하는 건 무엇인지 그 말 한마디가 전부 설명해주는 것 같았다. 강아지를 사랑하는 마음은 여전했지만, 내가 가장 나다웠던 시간은 말과 함께 있던 그 순간들이었다.

그때부터 마음이 또렷해졌다. 더는 머뭇거릴 이유가 없었다. 나는 말에게 돌아가기로 했다. 그리고 마음을 굳혔다. 갈 수 있는 모든 말 병원에 가보자.

마사회 말 병원, 경마장 내의 1차 병원, 승용마 진료 중심의 외부 병원, 제주대학교 말 실습, 그리고 제주도의 개업 말 병원까지.

말을 진료하는 수의사들이 있는 곳이라면 하나하나 직접 찾아가 발을 들였다.

말산업의 심장, 마사회 말 병원에서의 실습은 말이라는 동물이 단지 하나의 생명체가 아니라 하나의 '산업'을 움직이는 존재라는 걸 실감하게 했다. 진료 케이스는 다양했고, 수의사들의 손끝은 침착하면서도 날카로웠다.

경주트랙에서 울려 퍼지는 발굽 소리, 엑스레이 사진에 포착된 미세한 이상 소견, 수술실 안의 조용한 긴장. 그 모든 장면들이 '책에서만 보던 말'을 '내 손에 맡겨진 말'로 바꾸어놓았다.

경주 직후의 컨디션을 빠르게 판단하고, 다음 경기에 나설 수 있는지 매순간 결정해야 하는 경마장 내 1차 병원. 빠른 판단과 정확한 처치가 생명을 지키고, 산업을 지탱했다. 그런 긴박한 공기 속에서도 이상하리만큼 마음 한구석은 편안했다.

'내가 있어야 할 곳이 여기구나'

말없이 그렇게 느껴졌다.

경마장이 아닌 승용마를 주로 다루는 외부 말전문병원 에서는 속도보다 일상과 교감의 리듬이 흐르고 있었다. 승용마를 진료하면서 단지 치료를 넘어 말과 사람 사이를 잇는 다리 역할을 하고 있다는 걸 실감했다.

또, 제주도의 실습은 그야말로 생명의 계절이었다. 번식 시즌의 병원은 숨 돌릴 틈 없이 분주했다. 방금 태어난 망아지의 떨리는 다리, 어미 말의 고요한 눈동자, 초음파에 담긴 작고 선명한 생명. 그 모든 순간이 내가 말과 함께하고 싶은 이유를 다시 확인시켜주었다.

물론 이 길이 쉽거나, 평탄한 선택은 아니었다.

'여자 말 수의사 힘들지 않겠어?'
'대동물 진료는 위험하고 거칠어.'
'너처럼 작은 체구로 괜찮겠어?'

그런 말들은 이해했다. 하지만 나는, 그 말보다 더 큰 마음을 이미 가지고 있었다.

모든 실습을 마친 어느 날, 책상 앞에 앉아 조용히 생각했다.

'결국 나는, 말과 함께할 때 가장 나다웠구나.'

그 마음을 부정할 이유는 어디에도 없었다.

머릿속에 자연스럽게 떠오른 장면. 마방 앞에 서 있는 나. 조용히 다가와 코끝을 내 어깨에 가져다대던 말 한 마리. 그 짧은 인사 하나가 내 안에 남은 공백을 조용히 메워주었다.
거창한 결심은 아니었다. 다만, 말이 있는 곳에서 나는 늘 조금 더 편안하고, 조금 더 단단했다.

그래서 나는, 다시 그 곁으로 향하기로 했다.

그리고 그 길의 첫 장면은, 아주 이른 새벽, 제주도의 어느 말 병원에서 시작되었다.

새벽 4시, 제주에서 시작된 이야기

 국가고시를 치른 후, 이제 말 수의사의 길을 걷기로 결심했지만 문제는 '어디서, 어떤 일을 하는 말 수의사가 될 것인가?'였다.

 처음에는 집과 가까운 부산경마장에 있는 병원에 취직하려고 했다. 실습 경험도 있었고, 익숙한 환경이라 자연스럽게 그곳을 떠올렸다. 하지만 때마침 병원의 상황이 맞지 않아 당장 고용이 어렵다는 답변을 들었다.

 순간 머릿속이 하얘졌다.

'이제 난 어디로 가야 하지?'

그동안 고민하고 내린 결정이었는데, 예상대로 되지 않으니 혼란스러웠다. 원래라면 마사회에서 인턴 수의사를 채용하기도 하지만, 엎친 데 덮친 격으로 코로나19까지 터졌다. 상황은 더 나빠졌고, 오히려 기존 인력도 줄이드는 상황이었다.

그러다 문득 달력을 보니 3월. 번식 시즌의 시작.

'이때 아니면 언제 번식의 최전선을 경험하겠어?'
'패기가 있을 때, 거친 환경을 제대로 경험해보자.'

말 수의사로서 가장 바쁜 시기, 그리고 가장 역동적인 순간들. 지금이 아니면 영영 기회가 없을 수도 있었다.

고민은 길지 않았다. 제주도의 말 병원 원장님께 연락을 드렸고, 며칠 뒤 나는 무작정 짐을 싸서 제주로 향했다.

🌱 🌱 🌱

제주의 하루는 새벽 4시에 시작됐다. 해가 뜨기 전, 이미 차는 목장을 향해 달리고 있었다. 번식 진료는 타이밍이 생명이라 아침 해가 들기도 전에 초음파를 들고 말을 만났나.

번식 검사를 하고, 교배 스케줄을 조정하고, 어미말들의 건강 상태를 체크했다. 때로는 밤늦게까지 아픈 망아지를 보고, 다시 몇 시간 후 새벽에 출근하는 일이 반복되었다.

몸은 힘들었지만, 목장에 도착하면 피곤함은 싹 사라졌다. 막 태어난 망아지들이 어미 곁에서 비틀거리며 젖을 먹으려는 순간을 보면, 그야말로 힐링이었다.

'그래, 이게 내가 원했던 거야.'

어둠이 채 가시지 않은 목장. 새벽 공기 속에서 말들의 따뜻한 숨결이 뿜어져 나왔다. 멀리서 "히이잉—" 울음소리가 들리면, 잠에서 덜 깬 망아지들이 꼬물거리며 어미를 찾기 시작했다.

그 모습이 얼마나 귀엽던지. 육체적으로는 힘들었지만, 정신적으로는 오히려 채워지는 느낌이었다. "덕업일치"라는 말을 이때 처음 실감했다.

처음엔 모든 게 낯설었다. 특히 제주 방언은 한국말인데도 알아듣기 어려웠다.

목장의 사장님들은 투박했지만, 마음은 따뜻했다. 처음에는 '육지에서 온 여자 수의사'라는 이유로 미묘한 거리감이 있었지만, 열심히 하려는 모습이 보여서 인지 점점 태도가 바뀌었다.

"어떵, 목장일 할만핸?"
"아, 예! 괜찮아요!"

제주의 목장 일은 거칠었다. 한 손엔 초음파 기계를 조작하고, 다른 한 손으로 말의 직장에 손을 넣고 검사를 하다 보면 시간은 금새 흐른다. 그러다 한 번씩 목장 사장님들이 "아침은 먹고 다니맨?" 하며 샌드위치, 김밥, 구운 고구마나 귤

등 이것 저것 건네줄 때면, 마음이 따뜻해졌다.

말도, 사람도. 제주에서의 시간은 새로운 관계를 배우는 과정이었다.

🌱 🌱 🌱

번식 시즌이 끝나갈 무렵, 문득 이런 생각이 들었다.

'나는 지금까지 승용마, 경주마의 삶만 봤었지.'
'그런데 번식마들의 삶은 조금 다르구나.'

경주마들은 속도를 내야 했고, 승용마들은 사람을 태워야 했다. 하지만 번식마들은 1년에 한 번씩 임신과 출산을 반복하며 살아간다.

처음엔 그 과정이 안쓰러웠다. 하지만 시즌이 지나고 보니 그들은 나머지 시간 동안 넓은 초지에서 여유롭게 풀을 뜯으며 지냈다.

좁은 마방 안에서 지내는 말들보다, 오히려 훨씬 더 자연스럽고 말다운 삶이었다.

어쩌면 이 아이들이 인간의 곁에 있는 말들 중 가장 본능에 가까운 삶을 살고 있는지도 모른다는 생각이 들었다.

🌱 🌱 🌱

번식 시즌이 끝나갈 무렵, 원장님께서 조심스럽게 제안을 하셨다.

"다정쌤, 혹시 여기서 계속 일해볼 생각 있어요?"

제주의 말 병원은 1차 병원이었지만 관절경 수술까지 가능한, 수술실을 갖춘 제법 규모 있는 병원이었다. 마침 병원에 마취를 담당할 사람이 필요하다고 하셨다. 이제까지 실습에서 수술 과정을 지켜보기만 했지, 본격적으로 마취를 배우고 경험할 기회는 없었다.

솔직히 고민이 되긴 했다. 하지만 '이 기회를 놓치면 후회할 거야' 하는 생각이 더 컸다.

그리고 결정했다.

"해볼게요."

🌱 🌱 🌱

제주에 첫 발을 디딜 때는, '3개월만 해보자'고 생각했다. 하지만 어느새 3년을 훌쩍 넘겼고, 말 수의사로서의 시간도 어느덧 다섯째 해로 접어들었다.

아침 4시에 시작되던 번식 시즌의 새벽, 어미 곁에서 막 태어난 망아지의 첫 울음, 수술실 안에서 마취를 준비하던 긴장된 손끝까지. 그 모든 시간이 차곡차곡 쌓이며, 나는 이곳에, 천천히 뿌리를 내리기 시작했다.

가볍게 생각했던 시작은 어느새 내 삶의 중심이 되어 있었고, 잠시 스쳐갈 줄 알았던 이 제주땅은 내가 가장 오래 머무른 장소가 되었다.

 말과 함께하는 하루가 익숙해졌고, 조금씩, 조용하게, 나는 나만의 삶을 이곳에서 만들어가고 있었다.

🌱 🌱 🌱
다시, 말 위에서 찾은 나

제주의 바람은 유난히 부드럽다. 봄이 오는 길목, 오름 위에 서 있으면 살결을 스치는 바람이 마치 말처럼 다정하게 다가왔다.

첫해는 말 그대로 정신없이 달렸다. 해보다 먼저 일어나 목장으로 향했고, 비가 오나 눈이 오나, 목장을 누볐다. 하루가 어떻게 가는지도 모르고, 그렇게 계절이 바뀌었다.

그리고 두 번째 시즌이 끝난 어느 날, 오랜만에 달력에 여백이 생겼다. 출근 시간도 조금 여유로워지고, 퇴근 후 하늘을 올려다볼 여유도 생겼다.

그제야 문득, '이 섬을 조금 즐겨도 괜찮지 않을끼?' 하는 생각이 들었다.

주말이면 서핑을 배우러 바다로 향했고, 한라산과 오름을 올랐다. 해가 질 무렵 바닷가에 앉아 파도 소리를 들으며 맥주를 마시기도 했다.

가족과 친구들도 제주로 놀러 왔다. 나는 자칭 가이드가 되어 숨은 맛집을 찾아다니고, 관광지를 함께 누볐다. 그들이 돌아갈 때 '잘 쉬었다'고 말해주면, 괜히 뿌듯해지기도 했다.

그렇게 나도 제주에 조금은 익숙해진 것 같았다.

그런데, 어느 날부터인가 마음 어딘가 비어있는 기분이 들기 시작했다. 하루는 분명 알차게 보냈는데, 왠지 모르게 허전했다.

바람은 여전히 좋았고, 하늘도 맑았지만 무언가 중요한 걸 놓친 듯한 기분. 그 공허함이 한편에 조용히 스며들었다.

'내가 이렇게 무료할 때, 무엇이 제일 나를 나답게 만들었더라?'

곰곰이 떠올려보니, 답은 생각보다 가까이에 있었다.

말.
그리고, 말 위에서의 나.

몸으로 바람을 가르고, 숨결을 나누고, 서로의 균형을 느끼며 움직이던 그 시간.

그게 그리웠다.

나는 다시 말을 타기로 했다.

🌱 🌱 🌱

기승할 수 있는 승마장을 수소문했고, 오랜만에 안장 위에 올랐다. 말과 함께 호흡을 맞추는 그 느낌이 마치 오랜 친구와 다시 만난 것처럼 익숙하고 반가웠다.

몸은 피곤했지만, 마음은 점점 편안해졌다. 말이 움직이는 리듬에 맞춰 몸이 흔들리고, 그 움직임을 따라가다 보면 머릿속의 복잡한 생각들이 하나씩 지워졌다.

'그래, 맞아. 이게 나였지.'

타는 것만으로도 충분히 좋았지만, 어느 순간, 조금 더 진지하게 배우고 싶다는 마음이 들었다.

그래서 도전했다.
승마지도사 자격증

다시 교과서를 폈고, 실기 연습을 하러 매일 마장을 찾았다. 낯선 규정, 익숙지 않은 기승 속에서도 나는 매일 조금씩 나아갔다. 그리고, 자격증을 따냈다.

기쁨도 잠시, 곧 새로운 마음이 피어올랐다.

'말을 타는 것뿐 아니라, 말을 훈련하고 교감하는 일도 제대로 배워보고 싶다.'

그렇게 말 조련사 자격증 도전에 나섰다.
사람들은 물었다.

"수의사가 조련사 자격증까지 따야 해?"
"왜 그렇게까지 해?"

하지만 내 안의 대답은 명확했다.
나는 말이라는 존재를 조금 더 깊이 이해하고 싶었다.
수의사로서 말의 몸만 보는 데 그치지 않고, 그들의 마음, 움직임, 반응까지 함께 읽을 수 있다면 진짜 의미 있는 진료가 가능하지 않을까?

조련을 배우는 과정은 단순한 기술 습득이 아니라 말이라는 동물 자체를 다시 바라보는 시간이었다. 어떤 말은 겁이 많았고, 어떤 말은 사람을 먼저 살폈다. 어떤 말은 고집이 셌고, 어떤 말은 낯선 손길 앞에서 천천히 마음을 열었다.

그 모든 순간이 내겐 배움이었다.

다시 말 위에서, 나는 예전의 나를 천천히 떠올렸다. 어릴 적, 말과 교감하고 싶어서 조련사를 꿈꾸던 그 마음. 그 마음이 다시금 내 안에서 선명해졌다. 나는 천천히, 그러면서도 분명하게 어릴 적 그 꿈의 한 조각을 현실로 만들어가고 있었다.

🌱 🌱 🌱

그렇게, 꿈꿔왔던 길을 따라 한걸음씩 걷고 있었지만, 어느 순간부터인가 마음 속에 잔잔한 물결이 일기 시작했다.

시간은 흘렀고, 반복되는 일상 속에서 조금씩 물음표가 자라났다. 매일 아침 같은 길, 같은 진료, 비슷한 문제. 좋아서 시작한 일이었고, 여전히 즐거웠지만 문득문득, 마음 한

쪽에서 고민들이 말을 걸어왔다.

'나는 지금, 잘 가고 있는 걸까?'
'이대로 계속 간다면, 나는 어떤 말 수의사가 될까?'

그리고 마침내, 그 고민이 끝에 생각보다 조금 빠르게, 선택의 시간이 찾아왔다. 예상하지 못한 타이밍이었지만, 사실은 어쩌면 이미 준비하고 있던 변화였을 지도 모른다.

병원을 나오게 되었고, 앞으로 무엇을 어떻게 해야 할지 다시 고민해야 했다.

쉬면서 정리도 하고, 천천히 새로운 방향을 생각하려 했지만 현실은 나를 그대로 두지 않았다.

"다정쌤, 우리 말이 좀 아픈데… 다른 병원은 시간이 안 된 대요. 혹시 지금, 잠깐만 봐주실 수 있어요?"

하루 이틀, 그렇게 몇 번을 도와주다 보니 내가 여전히

'말수의사'라는 사실이 더 선명하게 다가왔다. 잠시 쉬려던 마음은 금세 정리되었고, 문득 이런 생각이 들었다.

'이럴 바엔, 아예 개원을 해볼까?'

물론, 개원은 내 인생 계획표에서 한참 뒤에나 있던 항목이었다. 적어도 몇 년은 더 현장에서 경험을 쌓고, 시기와 장소를 충분히 고민한 후에야 가능할 거라 생각했다.

그런데 예상보다 상황은 빨랐고, 나는 그 흐름을 막을 이유를 찾지 못했다. 그래서 결심했다.

'이왕 하는 거, 내 방식대로 해보자.'

병원의 간판에 내 이름을 걸었다. 내가 책임지는 진료, 내가 설계하는 치료, 그리고 내가 꾸려가는 병원.

막상 개원을 하고 나니 생각보다 더 큰 책임감이 찾아왔다. 이제는 더 이상 누군가의 병원에서 일하는 수의사가 아니라, '내가 만든 공간에서, 내 원칙대로' 진료해야 하는 사람이 된 것이다.

그런 생각이 들자, 더 잘 하고 싶은 욕심이 났다. 그동안 보고 느낀 말들의 삶을, 그 속에서 내가 할 수 있는 역할을 이 공간 안에서 실현해보고 싶어졌다.

말의 건강은 말 그대로 '기본'이고, 그 이상의 무언가—
진지하게 고민하고 실천해볼 수 있는 기회가 될 수도 있겠다는 생각이 들었다.

지금은 개원 5개월 차, 모든 게 낯설고 새로운 시기지만 나는 확신할 수 있었다.

이 선택이, 결국 내가 가야 할 길이었다는 걸. 여전히 말과 함께 걷고 있다는 사실이, 나를 계속 앞으로 나아가게 했다.
이제는, 말들의 '지금'뿐 아니라 그들의 '다음'을 더 오래, 더 깊이 바라보고 싶어졌다.

3부

말이 떠난 자리, 우리가 해야 할 일

경주가 끝난 말들의 삶과, 그들에게 두 번째 삶이 만들어지는 가능성

경주가 끝난 말들의 이야기

아침 공기가 아직 차가운 계절이었다. 새벽 어스름 속, 초음파 화면을 바라보며 나는 작은 생명의 시작을 확인하고 있었다.

"임신입니다."

익숙한 말이었지만, 그 순간만큼은 늘 특별했다. 목장 사장님이 환하게 웃었고, 나는 다음 말의 검사를 위해 다시 초음파를 들었다.

그런데 그날따라, 조금 다른 생각이 마음에 스쳤다.

'이렇게 많은 말들이 태어나는데… 이 아이들은 다 어디로 가는 걸까?'

경마에서 우승하는 말은 극소수다.
우리가 기억하는 말도 일부뿐이다.
그렇다면, 나머지 말들은?

생명이 시작되는 순간을 눈앞에서 보고 있으면서도, 그 생의 끝을 상상하게 되는 건 기쁨 뒤편에서 다른 감정이 조용히 발끝을 건드렸다. 하지만 애써 생각을 밀어냈다.

'지금은 내 앞에 있는 일에 집중하자.
거기까지 생각하면 머리 아플 것 같아.'

나는 다시 초음파를 들고 다음 말의 검사를 시작했다.
처음에는, 그저 스쳐 지나가는 생각이었다. 하지만 어느 순간부터인가, 그 생각은 마음 한켠에 머무르기 시작했다.

잊히지 않았고, 잊으려 해도 자꾸만 다시 떠올랐다.

🌿 🌿 🌿

그러던 어느날, 성적이 부진한 경주마 한 마리가 목장으로 내려왔다.

'실력이 형편없어서 이제 경주에서는 더 이상 못 뛴대.'

그 말을 들으며 나는 그 아이를 유심히 바라봤다.

사지가 멀쩡했고, 나이도 어렸다. 사람을 좋아하는 듯 다가와 먼저 코끝을 내밀었다. 순하고 다정한 눈.

"이렇게 건강한데… 그럼 이 말은 어떻게 되는 거예요?"

무심코 던진 질문에 돌아온 대답은 쓸쓸했다.

"몰라. 마주님이 결정하겠지.

아마 경주마로 다시 쓰진 않을 거야."

"그럼… 승용마로 전환될 수도 있겠네요?"

내가 조심스럽게 묻자, 주위에서 피식 웃음이 터졌다.

"저걸 누가 데려가. 데려갈 곳이 없잖아.
결국 도축되거나… 어떻게든 처리되겠지."

말문이 막혔다. 눈앞의 이 말은 멀쩡하고 따뜻한 생명이었는데, 그 미래는 그렇게 간단하게 결정될 수 있는 거였다.

그들에게 말은 산업동물, 생계의 수단이었다.

'이게 잘못되었다고 쉽게 말할 수 있을까?'

그런 생각하면서도, 마음 한구석은 자꾸 걸렸다.

며칠 후, 다른 승마장에 진료를 나갔다. 그곳에서도 퇴역마 한 마리를 만났다.

"이 말은 새로 온 아이인가 봐요?"
"응, 퇴역마야. 경마장에서 막 내려온 지 얼마 안 됐어.
앞다리가 좀 부어서 지금은 쉬고 있어."

나는 그 아이를 찬찬히 살폈다. 경주마 정보가 나와있는 사이트에 검색해 보니, 나이를 이미 꽤 먹은 말이었다. 경주마 시절엔 크고 작은 부상이 반복됐고, 마지막 부상은 회복까지 긴 시간이 필요해 보였다.

'이 말이 이 곳으로 온 게 다행일까, 불행일까?'

그리고 문득 떠오른 말—며칠 전 목장에서 봤던, 건강하고 다정한 그 말.

'차라리 그 말이 더 승용마로 적합하지 않았을까?'

하지만 현실은 달랐다. 목장에서 나오는 퇴역마들은 체계적인 분배 시스템 속에 있지 않았다. '알음알음', 아는 사람을 통해 승마장으로 가기도 하고, 그렇지 않으면 조용히 사라졌다.

🌿 🌿 🌿

네이버 밴드에 올라온 분양 글이 문득 떠올랐다.

경주 퇴역마 분양합니다.
국산 3군, 468kg 갈색 수말, 가격 60만 원.
관심 있으신 분 연락 주세요.

몇 장의 사진과, 짧은 문장 몇 줄.

그게 계속 마음에 남았다. 어떤 말은 목장에서, 어떤 말은 경마장에서, 어떤 말은 어디선가 사라진다.

'이대로 괜찮은 걸까?'

🌿 🌿 🌿

그리고, 나는 스스로에게 질문을 던지기 시작했다..

'말들을 더 잘 이어줄 방법은 없을까?'
'적절한 말이, 적절한 곳으로 갈 수 있는 시스템은 정말 불가능한 걸까?'

그렇다면, 이렇게 많은 말들이 아무도 모르게 사라지는 일을 조금은 줄일 수 있지 않을까. 조금 더 많은 말들이, 조금 더 잘 어울리는 곳에서 조금 더 오래 살아갈 수 있지 않을까.

그때부터였다. 그 질문이 머릿속을 떠나지 않기 시작한 건.

누군가는 그저 '퇴역'이라 부르겠지만, 나에겐 그게, 다시 시작할 수 있는 기회처럼 느껴졌다.

달리지 않아도 이어지는 삶

가끔은 스스로에게 묻는다.

'나는 왜 쉬는 날에도 말을 보러 다니는 걸까?'

진료가 없는 날이면 승마장에 가 있고, 말과 관련된 이야기에는 반사적으로 클릭을 누른다. 이쯤이면, 말과 휴식 사이의 균형은 애초에 없었던 셈이다.

그러던 어느 날, 지인이 말을 꺼냈다. 미국에 있는 청소년 승마 캠프를 대신 보고 와줄 수 있겠냐고. 직접 가기 어려운 상황이라, 내가 휴가를 겸해 다녀와 주면 좋겠다는 부탁이었다.

 말이 있는 곳? 그 이유 하나만으로도 내겐 충분했다. 그렇게 나는 짐을 싸고, 여름 햇살을 따라 미국의 어느 승마 캠프 한복판에 서게 되었다.

 처음엔 단순히 아이들이 말을 배우는 공간이라 생각했다. 그런데 그곳에서 내가 본 건, '말과 함께 살아가는 또 다른 방식'이었다. 그리고, 퇴역마에 대한 내 안의 고민들이 방향을 잡기 시작한 순간이기도 했다.

🌿 🌿 🌿

 넓은 들판과 따뜻한 햇살, 그리고 말과 함께 지내는 아이들의 웃음소리. 캠프는 마치 작은 마을 같았다. 열 살에서 열다섯 살쯤 되어 보이는 아이들이 마구간을 청소하고, 말을 손질하고, 함께 걷고 달리는 장면이 낯설면서도 부러웠다.

 "이곳에서는 말을 '가르치는' 게 아니라, 말에게 '배우는'

거예요."

 현지 코치가 내게 그렇게 말했다. 말을 통해 아이들은 리더십을 배우고, 감정을 조율하는 법을 익혔다. 말은 억지로 통제할 수 없는 동물이기에, 그들과 함께하려면 진심과 신뢰가 필요하다고 했다.

 아이들이 말과 마주하고 서 있는 모습은, 어릴 적의 나를 떠올리게 했다. 처음 말을 만났을 때, 조심스럽게 코끝을 내밀던 순간. 매일 땀에 젖은 채 마장을 돌며 하나씩 배워가던 시간. 내가 처음으로 '말과 함께 있는 나'를 발견한 그 시절이 문득 마음을 흔들었다.

 그 순간, 내 안에서 조용히 다짐 같은 게 생겨났다.

 이렇게 아이들과 말을 연결해주는 공간이 있다면, 퇴역한 말들에게도 또 다른 기회가 되지 않을까?'

 그래서 더 알아보고 싶어졌다. 미국에서는 퇴역마를 어떻

게 돌보고 있을까? 단순히 보호하는 것 이상의 일을 하고 있는 곳이 있을까?

며칠 뒤, 뉴욕 북부에 있는 퇴역마 보호소를 찾았다. 이름은 럭키 오펀스 호스 레스큐Lucky Orphans Horse Rescue.

작은 농장처럼 꾸며진 이곳에는 포니, 핀토, 드래프트홀스 등 다양한 종류의 말 47마리가 있었다. 그중 약 20마리는 경주에서 퇴역한 더러브렛 종이었다.

대부분은 나이가 많거나 병력이 있어 입양이 어려운 말들이었고, 그들은 더 이상 달리지 않아도 되는 삶을 살고 있었다.

센터 설립자인 Deana는 "이곳은 생츄어리sanctuary, 말 그대로 안식처"라고 설명했다. 말들이 생의 마지막까지 편안하게 지낼 수 있도록 도와주는 공간.

이곳은 2008년에 설립되었고, 초기엔 빌린 땅에서 시작했지만 2015년부터는 직접 소유한 약 5만 평의 부지에서 운영되고 있었다. 말들은 입양되지 않고, 오래도록 그들과 함께 살아갈 수 있도록 구성되어 있었다.

운영비는 대부분 기부금과 봉사 프로그램으로 충당하고 있었고, 정규직 2명, 파트타임 3명, 그리고 50명 이상의 자원봉사자들이 마구간을 정리하고, 말들을 돌보며 하루를 보냈다.

"예전엔 승마 체험도 했지만, 지금은 인력 유지가 어려워요. 대신 요즘은 말과 함께하는 힐링 프로그램—정서치유 활동을 진행하고 있어요."

치료를 넘어, 관계를 회복하는 말과 사람의 동행. 생의 끝자락에서 서로를 다독이는 그들의 모습은, 어떤 경쟁보다도 깊은 울림을 주었다.

그리고 그다음 날, 또 다른 보호소를 찾았다. 이름은 에이킨데일 TB 레스큐Akindale TB Rescue. 여기는 분위기부터 달랐다. 약 37만 평의 드넓은 부지에 정돈된 훈련 시설, 체계적인 운영 시스템. 이곳에 있는 말들은 대부분 경주에서 퇴역한 더러브렛 종이었다.

현재는 약 100마리의 더러브렛이 보호되고 있었고, 이 중 13~15마리는 트레이닝 중인 말들이었다. 운영 팀은 트레이너 1명, 관리자 5명, 오피스 1명, 그리고 대표 이사 1명으로 구성되어 있었다.

이곳의 목표는 '재훈련'이었다. 다시 말과 사람을 연결해주는 시스템을 갖추고, 퇴역마를 승용마로 전환시키는 것이었다. 한 마리가 새로운 역할을 얻기까지 평균 8개월. 그 기간 동안 수의사의 진료, 훈련사의 재활 트레이닝, 그리고 성격 파악이 꼼꼼히 이뤄졌다.

"입양은 무작위로 이뤄지지 않아요. 반드시 직접 와서 말을 타보고, 성향을 맞춰본 뒤 결정하죠. 말과 사람 모두에게 맞는 매칭이 중요하거든요."

그 말은 곧바로 이해됐다. 아무 말이나 어디에나 어울리는 건 아니니까. 말도, 사람도 마찬가지였다. 그리고 무엇보다 인상 깊었던 건, 말이 다시 돌아올 수 있는 시스템이었다. 입양자가 더 이상 말을 키울 수 없을 때, 다시 보호소로 돌아올 수 있도록 보증 기간 및 안전장치를 마련해 두었던 것이다.

센터 관계자는 현실적인 조언도 잊지 않았다.

"모든 말을 보호할 수는 없어요. 하지만 퇴역마에게 두 번째 기회를 만들어주는 건, 우리가 할 수 있는 가장 현실적이고 중요한 일이에요."

그 말이, 오래도록 마음에 남았다. 아킨데일에서 나오는 길목 조용한 들판에 말들이 나른하게 걷고 있었다. 새 삶을 준비하는 그 모습이, 왠지 모르게 묵직한 감정을 안겼다.

짧지 않은 여정이었다. 두 곳 모두 다른 방식으로 퇴역마의 삶을 이어가고 있었고, 나는 그 속에서 많은 질문을 품게 되었다. 어떤 말은 편안한 여생을 살고 있었고, 어떤 말은 다시 새로운 삶을 준비하고 있었다. 그리고 그 모든 과정 뒤에는 누군가의 다정한 손길과 지속적인 시스템이 있었다.

우리에게도 이런 선택지가 있다면 어떨까? 보호, 훈련, 매칭, 그리고 다시 돌아올 수 있는 문. 그 모든 과정이 갖춰진다면, 더 많은 말들이 두 번째 삶을 누릴 수 있지 않을까?

'달리지 않아도, 삶은 이어질 수 있다.'

미국의 그 마을을 떠나며, 그 말이 머릿속을 맴돌았다.

퇴역마, 세계는 어떻게 돌보고 있을까?

IFAR라는 이름을 처음 들은 건, 마사회에서 마련한 말 복지 교육 프로그램을 통해서였다. 낯선 이름이었다. International Forum for the Aftercare of Racehorses, 국제 경주마 사후관리 포럼. 직역하면 그럴 듯했지만, 그게 정확히 어떤 일을 하는지, 왜 필요한지를 처음엔 감 잡기 어려웠다.

그러다 마사회에서 제공한 영상 중, IFAR 의장의 연설을 듣게 되었다. 세계 곳곳의 경마 시행체와 복지 단체들이 모여 퇴역 경주마의 삶을 논의하고 협력한다는 이야기. 단순한 선언이 아니라, 매년 각국에서 컨퍼런스를 열고, 실제 정책과 시스템을 만들어가고 있다는 사실을 알게 된 순간, 나도 모르게 마음이 움직였다.

> '말 한 마리의 삶을 이렇게 깊이 들여다보고 책임지려는 사람들이 있구나.'

그해 여름, 일본 삿포로에서 열린 IFAR의 여덟 번째 컨퍼런스를 유튜브로 시청하게 되었다. 강연들은 전문적이었지만 의외로 따뜻한 언어로 가득했다. 말이라는 생명체에 대한 공감, 복지의 기준을 만들기 위한 수많은 고민, 그리고 각국의 노력이 그 안에 있었다. 발표를 들으며 나는 조금씩 세계가 말을 어떻게 대하고 있는지를 알아가기 시작했다.

IFAR는 2016년에 공식 출범했다. 경마 산업이 세계적으로 성장하면서, 그 뒤에 가려진 말들의 은퇴 이후의 삶에 대한 관심도 함께 커졌다. 경주마는 훈련받고, 경기를 뛰고, 기록을 남긴다. 하지만 은퇴한 말은 어디로 갈까? 누구도 선뜻 대답하지 못했던 이 질문에, 세계는 하나의 공동체로서 답을 찾기 시작한 것이다.

그들은 단순히 '말을 보호하자'는 슬로건을 내세우지 않는다. IFAR가 제시한 전략은 말 그대로 말의 한 생애 전체를 설계하는 수준이다. 생애주기 관리부터 입양, 재훈련, 커뮤니티 연결까지. 각 나라의 상황과 제도는 달라도, '경주가 끝난 이후에도 말의 삶은 계속되어야 한다'는 철학은 같았다.

예를 들어, 호주는 모든 경주마의 생애를 추적하는 시스템을 갖췄다. 말은 태어난 순간부터 등록되며, 어디에서 누구와 지내고 있는지 추적할 수 있다. 입양을 하더라도 반드시 등록을 갱신하고, 퇴역 후의 상태를 보고해야 한다.

영국에서는 RoR[Retraining of Racehorses]라는 단체가 퇴역마의 재훈련을 돕는다. 장애물 넘기, 마장마술*, 트레일 라이딩** 등 경주마였던 말들이 새로운 기술을 배우고, 새로운 주인을 만나 삶을 이어간다. 그들에게는 단순히 '퇴역'이 끝이 아니었다. 새로운 '직업'이 시작되는 순간이었다.

*말과 사람이 호흡을 맞춰 정해진 동작을 수행하는 말의 예술 경기
**자연 속 길을 말을 타고 걷는 야외 승마 활동

미국에서는 퇴역 경주마 보호와 입양이 가능한 시설을 TAA^{Thoroughbred Aftercare Alliance}라는 단체가 인증하고 지원한다.

이곳에서 새로운 삶을 준비하는 말들은 'OTTB^{Off-Track Thoroughbred}'라는 이름으로 불린다. 경주마로 태어나고 훈련받았던 더러브렛들이 이제는 경주 트랙을 떠나, 또 다른 길을 걸어가는 말들이다.

미국의 여러 OTTB들은 다양한 분야에서 새로운 재능을 꽃피우고 있었다. 그중에서도 인상 깊었던 사례는 경주마 출신 'Blackfoot Mystery'였다. 불과 세 번의 경주만 치른 뒤 은퇴했지만, 이후 꾸준한 훈련을 통해 종합마술*** 선수로 성장했고, 2016년 리우 올림픽에서 미국 국가대표로 출전하는 놀라운 여정을 만들어냈다.

일본의 변화도 인상 깊었다. 전통적으로 말과 가까운 문화를 가진 나라였지만, 퇴역마 복지에 본격적으로 힘을 쏟

***마장마술, 장애물 경기, 크로스컨트리(야외 장애물 경기)를 종합해 치르는 승마 경기

기 시작한 것은 최근의 일이다. 일본중앙경마회(JRA)는 'TAW Thoroughbred Aftercare and Welfare'라는 전문 조직을 출범시키고, 재훈련 기간을 단축시키는 시범 프로그램, 승마 클럽 및 학교 교육 연계, 정서치료 프로그램까지 다양한 영역에서 퇴역마를 활용하고 있었다. 특히 600여 개의 승마장과 200여 개 교육기관에서 퇴역 경주마들이 제2의 삶을 살고 있다는 점은, 이 시스템이 단지 구호에 그치지 않는다는 걸 보여줬다.

그리고 이런 다양한 국가의 사례를 연결하고 조율하는 중심이 바로 IFAR였다. 그들은 단순한 연례행사로 끝나는 것이 아니라, 각국의 정책을 연결하고, 필요한 데이터를 수집하고, 제도화를 위한 가이드라인을 제공한다. 생명주기 추적, 재훈련 인증, 커뮤니티 교육, 그리고 구조가 필요한 말들을 위한 '세이프티 넷 Safty Net'까지. 각각의 전략에는 수많은 시행착오와 현장의 목소리가 담겨 있었다.

특히 기억에 남는 발표는, 미국의 한 퇴역마 센터에서 진행했던 '풀 서클 Full Circle' 프로젝트였다. 퇴역 경주마가 위험

에 처했을 때, 과거에 그 말과 인연이 있었던 사람이 다시 구조할 수 있도록 만든 시스템이다. 관계자는 자신의 이름을 말에게 등록해 '언젠가 말이 나를 필요로 하면 연락을 달라'는 의사를 남긴다. 만약 말이 방치되거나 주인이 돌볼 수 없게 되면, 보호소나 복지단체는 이 등록자에게 연락을 취한다. 누군가 손을 들면, 그 말은 낯선 곳이 아닌 자신을 기억하는 사람 곁으로 돌아갈 수 있다. 단순한 구조가 아닌, '기억을 연결하는 보호망'이라는 점에서 의미가 깊다.

이 모든 정보를 접하고 나서, 자연스럽게 내 시선은 우리나라로 향했다. 우리는 지금 어디쯤에 있을까? 우리나라도 매년 최소 1,200마리 이상이 퇴역한다. 하지만 그들의 이후는 여전히 뚜렷하게 보이지 않는다. 물론 변화의 움직임도 있다. 말산업육성법의 개정, 승용마 전환 훈련 시범 사업, 폐사율 감소 등은 분명 긍정적인 신호다. 하지만 여전히 '어디로 갔는지 모르는 말들'이 존재한다는 현실은 무겁다.

IFAR이 전하는 메시지는 단순하다.

'말의 삶을 경주 후에도 책임지는 산업이 되어야 한다.'

경마는 한 사회의 문화이자 산업이고, 그 중심에 있는 '말'이야말로 그 가치를 결정짓는 존재다. 말이 행복하지 않다면, 그 산업도 지속 가능할 수 없다.

나는 종종 생각한다. 만약 우리나라에도 퇴역 경주마가 마음껏 풀을 뜯으며 지낼 수 있는 초지가 있고, 그 말들과 교감하며 살아가는 사람들이 있다면. 그곳이 사람들에게는 치유의 공간이 되고, 말들에게는 존엄한 쉼터가 될 수 있다면.

그 시작은 거창한 제도나 거대한 구조 변화가 아닐지도 모른다. 질문 하나, 관심 하나에서 모든 변화는 시작된다.

'그 말은, 지금 어디에 있을까?'

그리고 우리는, 그 물음에 어떻게 답할 수 있을까.

🌿 🌿 🌿
변화는 시작되고 있었다

IFAR 의장의 연설을 들은 후, 나는 '우리'의 이야기를 생각하게 됐다. 세계는 경주가 끝난 뒤에도 말의 삶을 설계하려 애쓰고 있는데, 우리는 지금 어디쯤 와 있는 걸까?

한국에서 말의 은퇴는 오랫동안 관심 밖의 일이었다. 경주가 끝나면, 이름도 사라지고 존재도 흐려졌다. 무대 위에서의 영광은 찰나였고, 그 뒤를 묻는 사람은 거의 없었다. 그렇기에 퇴역마에 대한 이야기를 꺼내는 일은 어쩌면 무모한 질문처럼 보였는지도 모른다.

하지만 몇 번의 사건이, 그 질문을 공론장으로 끌어올렸다.

2019년, 국제동물보호단체 PETA는 제주도 말 도축장에서 촬영한 충격적인 영상을 공개했다. 카메라는 퇴역 경주마들이 비윤리적인 방식으로 도축되는 장면을 담고 있었고, 그 영상은 곧장 언론을 타고 퍼져나갔다. 이후 관계자들이 법적 처벌을 받았고, 캐나다 The Stronach Group(TSG)은 한국으로의 경주마 수출 중단을 공식 선언했다.

북미의 말 경매 주최 측과 말 생산자들 또한 수출 자제를 권고하며, 논의는 국제적인 관심으로 확산되었다.

'경주가 끝난 말들은 어떻게 되는가?'라는 물음이 처음으로 우리나라 대중 앞에 드러난 순간이었다.

2022년에는 드라마 촬영 현장에서 '까미'라는 이름의 말이 강제로 넘어졌다가 죽음에 이르는 사고가 발생했다. 말을 키운 사람도, 훈련시킨 사람도, 촬영한 사람도 책임을 회피할 수 없었다. 사건은 사회적 분노를 일으켰고, 동물보호법, 말 복지, 퇴역마의 처우 등에 대한 논의로 이어졌다.

그 이후에도 충남 부여와 공주 등지에서 퇴역 경주마가 방치되었다는 사건들이 잇따랐다. 말이 제대로 먹지도 못한 채 홀로 남겨져 있는 사진은 말산업에 종사하지 않는 사람들의 마음마저 흔들었다.

한국마사회 통계에 따르면 2021년부터 2024년까지 매년 평균 1,300마리 이상의 경주마가 은퇴하고 있다. 이 가운데 약 40%만이 승용마, 번식마, 교육용 말로 전환되며, 나머지 60%는 도축되거나 용도 미상 상태로 분류된다.

이는 한 마리, 한 마리의 삶이 그저 기록되지 않은 채 사라진다는 뜻이었다. '퇴역'이라는 단어가 끝이 아닌 '삭제' 처럼 느껴지기도 했다.

하지만, 다행히 변화는 시작되고 있었다. 2014년 한국마사회 내 말보건복지위원회가 처음 구성되고, 2018년 말 복지증진 기본계획을 수립하면서 2019년 경마, 동물복지, 법조

전문가로 구성된 말복지위원회가 본격적으로 신설되었다.

🌿 🌿 🌿

이후 2022년 마사회는 말복지센터를 설립하고, 2023년 한국마사회와 마주협회는 '더러브렛 복지기금'을 출범시켰다. 5년간 총 100억 원 규모의 예산이 마련됐고, 그중 절반은 마사회가, 절반은 마주들이 부담했다.

이 기금은 단순한 보조금이 아니다. 말이 은퇴한 이후에도, 제2의 삶을 이어갈 수 있도록 실질적이고 구체적인 지원을 제공한다.

예를 들어:

* 부상 경주마 재활 지원: 마리당 월 120만원씩, 최대 6개월
* 퇴역마 승용 전환 훈련비 지원: 마리당 최대 500만 원
* 퇴역마 전용 승마대회 개최: 훈련 성과를 검증하고 입양 기회 확대

* 명예경주마 휴양 지원: 우수 성적마가 휴양지에서 여생을 보낼 수 있도록 운영

이 지원은 단순히 '안타까움'에서 비롯된 것이 아니다. 경마 산업의 지속 가능성을 위해, '말의 은퇴 이후'를 책임지려는 움직임이다.

※ ※ ※

2016년부터 한국마사회는 '경주퇴역 승용마 품평회BRT, Best Retrained Thoroughbred'를 시작으로, 퇴역마들에게 새로운 무대를 만들어 주기 시작했다. 처음에는 말의 안전성과 기질을 평가하던 품평회가, 2024년에는 '퇴역경주마 전용 승마대회KRTC, Korea Retired Thoroughbred Championship'라는 더 넓은 무대로 확장되었다.

참가하는 말들이 조금씩 늘고, 종목도 다양해지고, 참가 자격도 퇴역 후 3년 이내에서 4년 이내로 확대되었다. 무엇보다 의미 있었던 변화는, 참가자들이 반드시 '말 복지 교육'

을 이수해야 한다는 점이었다. 새로운 삶을 준비하는 말들에게 사람의 손길이 더 안전하고 따뜻하게 다가가길 바라는 마음이 담겨 있었다. 이 대회는 단지 순위를 겨루는 자리가 아니었다. 말과 사람이 함께 새로운 리듬을 찾아가는 자리. 조금씩 넓어지는 이 무대에서, 앞으로도 더 많은 발걸음들이 이어지고 있었다.

※ ※ ※

경주마 중에서도 특별한 기록을 남긴 말들은 '명예경주마'로 선정되어 전용 목장에서 여생을 보내기도 한다.

'청담도끼', '이스트제트', '당대불패' 같은 말들이 이제는 안성팜랜드, 제주 성이시돌 목장 등에서 사람들과 조용한 교감을 나누며 살아가고 있다.

이 말들은 더 이상 달리지 않아도 된다. 경주가 아닌 여유로운 초지에서, 사람의 손길을 기다리며 살아간다.

※ ※ ※

하지만 여전히 부족한 점은 많다.

우선, 말 이력제는 여전히 '자율신고제'다. 퇴역한 말이 어디로 갔는지, 어떤 상태로 살고 있는지 정확하게 파악할 수 있는 체계가 미비하다.

이력제가 의무화되지 않으면, 학대나 방치, 불법 거래를 미리 막기 어렵다. 2025년부터 이 제도를 의무화하려는 논의가 시작됐지만, 아직 갈 길은 멀다.

두 번째는 보호시설의 절대적 부족이다. 학대당한 말, 방치된 말, 혹은 단순히 나이 든 말들이 머물 수 있는 안전한 공간은 많지 않다. '말 생츄어리'를 도입하자는 목소리가 있지만, 예산과 부지, 운영 주체의 문제로 실현은 더디다.

그리고 마지막으로, 수요와 공급의 균형도 본질적인 과제로 남아 있다. 해마다 많은 말들이 생산되고 있지만, 그 모든 말들에게 충분한 기회가 열려 있다고 보긴 어렵다.

성적이 낮거나 부상 위험이 있는 말들은 여전히 쉽게 도

태되는 흐름 속에 놓인다. 성적이 낮은 말들도 커리어를 이어갈 수 있는 다양한 경주가 마련되고, 마주들이 말을 오래 책임질 수 있도록 경제적 유인과 지원이 더해진다면, 경마 산업 전체의 균형도 더 건강하게 맞춰지지 않을까.

산업이 말 위에 세워진 만큼, 그 말들의 삶을 온전히 책임지지 않는다면 산업도 결국 불안정할 수밖에 없다.

🍃 🍃 🍃

변화의 속도는 그리 빠르지 않다. 때론 삐걱거리기도 하고, 의견이 엇갈리기도 한다. 하지만 누군가는 말한다. '지금이라도 시작했으니, 늦은 건 아니다'라고.
그 말에 나도 고개를 끄덕이게 된다.

불과 몇 년 전만 해도, '퇴역마 복지'라는 단어를 꺼내는 것조차 조심스러웠다. 너무 생소했고, 너무 먼 이야기처럼 느껴졌으니까. 하지만 지금은, 적어도 질문을 던질 수 있게 되었다.

'그때 그 말은, 지금 어디에 있을까?'

그 물음에 누군가는 수의사로, 누군가는 조련사로, 누군가는 입양자로, 각자의 방식으로 대답하고 있다.

바라는 건 완벽한 제도가 아니다. 모든 말을 구할 수 없다는 것도 안다. 하지만 어떤 말은 여전히 사람 곁에서 함께할 준비가 되어 있고, 어떤 말은 그저, 더 이상 고통받지 않고 하루를 살아갈 수 있길 바란다.

말이 살아 있는 동안, 최소한의 안정과 존중을 보장받을 수 있다면, 그것만으로도 우리는 지금보다 조금 더 나은 말 문화를 만들어갈 수 있을 것이다.

'변화는 시작되었다.'

나는 그 말에, 이제는 조금 더 확신을 담아 고개를 끄덕일 수 있게 되었다. 그리고 그 길의 어디쯤에서, 말들과, 사람들과, 변화를 믿는 마음들과 함께 걷고 싶어졌다.

4부

말과 사람이 함께 살아간다는 것

나의 말 선생님, 그리고 공존의 철학

❋ ❋ ❋
말의 말, 마음의 말

 말은 말을 하지 않는다. 하지만, 그 누구보다 많은 이야기를 그들의 침묵 속에서 전한다.

 처음 말을 탔을 땐 그들의 마음을 전혀 알 수 없었다.

'왜 멈췄지?'
'왜 말을 안 듣지?'

 고개를 갸웃거리며, 나는 수없이 내 잘못인지, 말의 고집인지 따져보았다.

하지만 시간이 흐르며 서서히 알게 되었다. 말은 언제나 나보다 먼저, 내 마음을 읽고 있었다는 것을. 내가 긴장하면 말도 긴장했고, 내가 망설이면 말도 주춤했다. 그리고 내가 용기를 내면, 말도 함께 그 발걸음을 내딛었다.

❋ ❋ ❋

가장 또렷이 기억나는 순간이 있다. 승마장에서 처음 장애물을 마주했을 때였다. 무릎이 살짝 떨리고, 가슴이 두근거리던 그 순간. 나는 말을 믿지 못했고, 스스로도 자신이 없었다. 결국 그 말은 장애물 앞에서 멈춰 섰다.

고개를 돌려 나를 바라보던 말의 눈빛은 마치 이렇게 말하는 듯했다.

'너도 나를 믿지 않잖아.'

그때 처음 알았다. 신뢰는 말에게도, 사람에게도 선택이 아니라 조건이라는 것을. 상대를 믿는 용기가 있어야 비로소 함께할 수 있다는 단순하고도 단단한 진실을.

❋ ❋ ❋

한 번은 외승 중 갑자기 말이 멈춘 일이 있었다. 별다른 이유가 없어 보였지만, 아무리 해도 말은 더 이상 나아가지 않았다. 처음엔 당황했고, 내 지시에 반응하지 않는 말이 야속했다. 하지만 잠시 멈춰 주변을 살펴보니, 말이 서 있던 발밑엔 평소엔 보이지 않던 작은 가시 덩굴이 퍼져 있었다. 그날, 나는 '고집'이 아니라 '신호'를 알아차리는 법을 배웠다.

❋ ❋ ❋

말은 말로 이야기하지 않는다. 그들은 눈빛으로, 귀의 움직임으로, 체중의 미세한 이동으로, 그리고 아주 가끔은, 숨소리 하나로도 많은 말을 한다.

수의사가 된 후, 나는 말의 아픔을 수치로 환산하기 위해 많은 검사 장비를 사용했다. 하지만 가장 정확한 '진단'은 언

제나 말의 눈에서 먼저 시작되었다.

'이 아이는 괜찮다.'
'이 말은 어딘가 힘들다.'

진단명보다 먼저 다가오는 생명의 울림 같은 것. 그건 늘 침묵 속에서, 가장 먼저 도착했다.

※ ※ ※

말과 함께한 시간은 그 자체가 하나의 수업이었다. 교과서도, 정답도 없었지만 몸과 마음으로 매일 배워가는 배움의 시간.

나는 그들 앞에서 자주 틀렸고, 종종 서툴렀다. 하지만 말은 나를 비웃지 않았다. 대신 조용히 등을 내어주었다.

'괜찮아. 다시 해봐도 돼.'

그들의 등은 언제나 그렇게 말해주었다.

❋ ❋ ❋

말은 나에게 인내를 가르쳐 주었다. 사람이 무조건 앞서 나가려 하면, 말은 거부했다. 하지만 천천히, 말의 리듬에 맞춰 걷고 기다려 주면 그들은 어느새 내 옆에 조용히 와 있었다.

그 기다림은 때때로 긴 하루가 되기도 했고, 마음이 급한 날엔 무력감처럼 다가오기도 했다. 하지만 돌아보면, 그 '기다림의 시간'이 우리가 진짜 친구가 되어가던 순간이었다는 걸 알게 되었다.

❋ ❋ ❋

말은 내게 책임감도 알려주었다. 말을 타는 일보다 더 먼저, 말의 하루를 책임지는 일이 중요하다는.

마방과 마구를 청소하고, 말의 컨디션과 걸음걸이를 살피고, 보이지 않는 통증을 찾아내는 일.

그 모든 과정이 '책임'이라는 이름으로 내 하루를 구성했다. 그건 단지 '돌봄'이 아니라, 말과 사람 사이의 약속이었다.

❋ ❋ ❋

그리고 무엇보다, 말은 내게 겸손함을 가르쳐준 존재였다.

500킬로그램이 넘는 힘을 가진 동물이지만, 말은 언제나 조심스럽게 발을 옮긴다. 불편한 안장을 얹어도 묵묵히 기다려주고, 어설픈 손길 앞에서도 한 번은 참아준다.

힘이 있다고 해서 앞서지 않고, 두려움이 있어도 사람 곁을 지키는 존재. 그 겸손한 힘을 나는 매번 부끄럽게 바라보았다.

말과 사람 사이에는 이해라는 말보다 먼저, 존중이 있어야 한다. 말은 설명을 요구하지 않지만, 이해하려는 태도에는 누구보다 먼저 반응한다.

어떤 날은, 말과 눈을 마주치는 그 짧은 순간만으로 서로의 마음이 전해졌다. 소리내어 하는 '말'이 아닌데도, 나는 그들의 '말'을 수없이 들었다.

그리고 그 말들은, 나를 조금 더 다정한 사람으로, 조금 더 단단한 사람으로 만들어주었다.

말의 눈을 읽는 일은, 결국 내 마음을 읽는 일이었다. 내가 누구인지, 어떻게 서 있는지, 무엇을 두려워하는지. 말은 언제나 그 답을 먼저 알고 있었다.

말은 사람을 가르치지 않는다. 그저 조용히 곁에 있을 뿐이다.

하지만 그 곁에 머무는 동안, 우리는 조금씩 배워간다. 다정하게 기다리는 법을, 말없이 신뢰하는 법을, 그리고 나 자신을 정직하게 바라보는 법을.

이 모든 조용한 배움이 언젠가 당신에게도 다가가기를 바란다.

 아주 작고 조용하게, 하지만 분명하게 시작될 당신만의 말 이야기가 삶의 어딘가에서 피어나기를.

말이 행복해야 사람도 행복하다

말을 가까이에서 돌보는 시간이 쌓이다 보면, 어느 순간 한 가지 진실이 또렷이 다가온다.

말이 편안해야, 사람도 편안하다.

처음엔 이 말이 너무 당연하게 들렸다. 하지만 하루하루 현장에서 말을 마주하다 보면 이 단순한 문장이 품고 있는 깊이를 점점 더 실감하게 된다.

말은 사람처럼 말하지 않는다. 하지만 그들의 눈빛, 몸의 긴장, 움직임 하나하나에 그날의 기분과 상태가 고스란히 담겨 있다. 마치 운동선수처럼, 좋은 컨디션을 유지할 때에야 비로소 부드럽고 안정된 반응이 나온다.

❀ ❀ ❀

진료차 들른 한 승마장에서, 다리를 살짝 절뚝거리는 말을 본 적이 있다.

"오늘은 이 아이를 쉬게 하는 게 좋겠어요."

내가 그렇게 조심스럽게 말했을 때, 코치님은 이미 예약된 손님들 생각에 망설였다. 그 마음은 충분히 이해됐지만, 작은 통증을 무시하면 더 큰 부상으로 이어질 수 있다는 걸 알고 있었다.

결국 말은 하루를 쉬었고, 며칠 뒤 다시 만났을 때는 가벼운 발걸음으로 힘차게 걸었다. 그 모습을 보며 느꼈다. 작은 배려 하나가 말과 사람 모두에게 큰 평화를 선물할 수 있다는 것.

❋ ❋ ❋

제주에 있었을 때 자주 왕진을 갔던 한 승마장이 떠오른다. 그곳 원장님은 항상 이렇게 말했다.

"말이 우선이에요"

그 말을 실감하게 해주는 장면들이 많았다. 그곳 말들은 낯선 사람 앞에서도 긴장하지 않았고, 서두르지 않고 차분했다.

정기적인 진료와 건강한 먹이, 쉴 수 있는 마방과 스트레스를 줄여주는 환경. 그 돌봄은 말의 표정과 걸음걸이에 고스란히 나타났고, 그 평안함은 자연스럽게 사람에게도 전해졌다. 그곳을 찾는 이들 역시 마음을 놓고, 말과 함께 있는 시간을 따뜻하게 누릴 수 있었다.

그때 알게 됐다. 말의 상태는 사람의 감정에 영향을 준다. 말이 여유롭고 편안하면 사람도 그렇게 된다. 말이 불안하거나 지쳐 있으면, 사람도 긴장하게 된다. 이건 단순한 감정의 연결이 아니라, 현실적인 안전과도 밀접한 이야기다.

말이 컨디션이 좋고 마음이 안정돼 있을 때, 사람의 지시에 부드럽게 반응한다. 예측 가능한 움직임과 조율 속에서, 말과 사람은 하나의 리듬으로 호흡하게 된다.

하지만 피로하거나 예민한 말은 작은 자극에도 갑작스러운 반응을 보일 수 있다. 그 반응은 몇 초 안에 현실적인 위험으로 이어진다.

❋ ❋ ❋

그래서 나는 항상 강조하고 싶다. 말의 행복을 생각하는 일은 단순한 '복지'의 문제가 아니라, 말과 사람 모두의 '공존의 조건'이라는 것.

어떤 날은 아이가 말을 쓰다듬으며 조심스럽게 말을 걸었고, 그 말은 고개를 살짝 숙여 손길을 받아주었다. 어떤 날은 조련사가 말 옆에 조용히 기대었고, 말은 미동도 없이 그 자리에 서 있었다.

짧지만 깊은 교감의 순간들이 있다. 말은 말하지 않아도, 사람은 그 마음을 읽는다. 그런 시간이 쌓이면, 말과 사람 사이에 조용한 신뢰가 자란다.

※ ※ ※

우리가 말과 함께 살아가는 세상에서 잊지 말아야 할 진실이 하나 있다.

말이 행복해야, 사람도 행복할 수 있다.

그건 단지 감성적인 바람이 아니다. 매일 말과 함께 지내는 사람들이 몸으로 실감하며 체득한 진실이다.

말의 하루가 편안하고, 그 하루가 모여 좋은 삶이 될 수 있다면, 그 곁에 있는 사람 역시 조금 더 부드러운 마음으로 살아갈 수 있을 것이다.

나는 믿는다. 그렇게 쌓인 평온한 순간들이 사람과 말 사이의 신뢰가 되고, 그 신뢰가 다시 더 따뜻한 문화를 만들어 간다고.

빠르진 않지만 분명히, 우리는 그런 길 위를 함께 걷고 있다. 말이 편안한 세상, 그 안에서 사람도 편안해질 수 있다는 걸 매일 그들의 눈을 보며 배우고 있다.

❋ ❋ ❋
말과 사람이 함께 걷는 길

    사람들의 삶이 조금씩 여유로워지면서, 동물과 함께 살아가는 삶에 대한 관심도 자연스럽게 높아지고 있다.

    사랑스러운 반려견과 산책을 하고, 고양이와 조용한 시간을 나누며 위로받는 사람들도 많아졌다. 그만큼 동물에 대한 인식도 이전보다 훨씬 따뜻해지고 있다.

    하지만 때로는 그 따뜻함 속에 지나친 이상과 현실 사이의 괴리가 함께 섞여 있는 것도 사실이다. 동물에게 최고의 조건을 주고 싶은 마음과 현실의 조건 안에서 균형을 찾아야 하는 책임 사이에서 우리는 늘 고민하고 있다.

❋ ❋ ❋

수의대를 다니던 시절, 우리는 동물을 두 가지로 구분하곤 했다. 하나는 산업동물, 다른 하나는 반려동물.

산업동물은 사람의 생계를 책임지는 존재이고, 반려동물은 사람의 마음을 함께 나누는 존재였다.
소, 돼지, 닭은 산업동물.
개, 고양이는 반려동물
당시에는 명확하게 느껴졌던 이 구분이, 말이라는 동물을 만나면서 점점 흐려졌다.

말은 그 둘의 경계를 아주 자연스럽게 넘나드는 존재다. 때로는 경주마로, 승용마로, 생계의 한 축을 담당하는 산업동물로 살아가면서도, 사람과 눈을 맞추고 교감을 나누는 가장 따뜻한 반려의 존재가 되기도 한다.

그래서일까. 말을 어떻게 돌봐야 하는지 이야기할 때마다 단순한 답을 내리기 어려웠다. "왜 그렇게 키우냐"는 말도, "이렇게 키워야 한다"는 주장도 말 앞에서는 쉽게 입에 담기 어려워진다.

누군가는 "말도 강아지처럼 다정하게 대해줘야지"라고 말한다. 하지만 또 다른 누군가는 "현장의 현실을 모르는 이야기"라고 말한다. 그 말 모두 틀렸다고 하기 어렵다.

마치 소를 키우는 농부에게 "강아지처럼 다정하게 키워주세요"라고 말하는 것처럼, 때로는 어딘가 어긋나는 말이 되어버린다.

❋ ❋ ❋

그래도 나는 이렇게 생각한다. 우리가 말과 함께 살아가는 이상, 최소한의 기준과 약속은 반드시 지켜야 한다.

그리고 그 약속은 아주 단순하고 분명하다. 우리는 그것

을 '동물의 5대 자유'라고 부른다.

수의대 시절 처음 들었을 땐 그저 시험에 나올 개념 중 하나일 뿐이었다. 하지만 말을 돌보고 진료하고 함께 시간을 보내며, 그 다섯 가지 자유야말로 말과 사람이 함께 살아가기 위한 가장 기본적인 약속임을 알게 되었다.

첫 번째 자유는, 배고픔과 갈증으로부터의 자유다.
항상 깨끗한 물과 신선한 먹이를 제공하는 것. 당연한 일 같지만, 말이 숨 쉬고 살아가기 위해 매일 지켜져야 하는 가장 기본적인 조건이다.

두 번째는, 불편함으로부터의 자유다.
편안한 마방, 깨끗한 바닥, 적절한 온도와 습도. 이 작은 환경의 차이가 말의 몸과 마음을 결정짓는다. 말이 평온하게 쉴 수 있는 공간이 있다는 것만으로도, 그들의 스트레스는 눈에 띄게 줄어든다.

세 번째는, 고통, 부상, 질병으로부터의 자유.

예방에 힘쓰고, 작은 이상이라도 바로 알아차리고 치료하는 것. 그건 수의사의 일일 수도 있지만, 그들과 함께 사는 모든 이들의 책임이기도 하다.

네 번째는, 정상적인 행동을 표현할 자유.

말은 달리고 싶을 때 달려야 하고, 다른 말들과 교감할 수 있어야 한다. 하루 종일 좁은 마방에만 갇혀 있는 말은, 점점 자기 본성을 잃어간다. 그들이 본연의 모습을 유지할 수 있도록 시간과 공간을 열어주는 일. 그건 인간의 여유가 아니라, 말의 권리다.

다섯 번째는, 두려움과 스트레스로부터의 자유.

말은 겁이 많은 동물이다. 예측할 수 없는 행동이나 거친 소리에 민감하게 반응한다. 그러니 사람이 먼저, 예측 가능한 태도와 부드러운 말투로 그들의 신뢰를 얻어야 한다.

이 다섯 가지 자유는 거창한 윤리강령이 아니다. 그저 말과 사람이 '함께 살아가기 위한 기본 매뉴얼' 같은 것이다. 그리고 이 다섯 가지를 실천하는 일은, 말을 위한 것이기도 하지만 결국은 사람 자신을 위한 일이기도 하다.

말은 산업의 대상이기도 하다. 하지만 단지 '자원'으로만 바라보는 순간, 그 산업은 오래가지 못한다.

❋ ❋ ❋

결국, 말과 사람이 함께 살아간다는 것은 특별한 철학이나 제도를 말하는 게 아니다. 그저 같은 공간에서, 같은 리듬으로 살아가는 존재끼리 서로를 존중하고 배려하는 일이다.

말의 하루를 편안하게 만드는 그 작은 실천들이, 사람의 하루를 더 따뜻하게 만든다.

그리고 그 따뜻함이 쌓일 때 우리는 비로소 '함께 산다'는 것이 어떤 의미인지, 몸으로 느끼게 된다.

❋ ❋ ❋
언젠가 말을 위한 집을 짓는다면

 말과 함께한 시간이 어느덧 스무 해 가까이 되어간다. 처음엔 그저 말이 좋아서 시작한 일이었다. 하지만 시간이 흐르면서, 그 마음은 조금씩 달라졌다. 이 아이들의 남은 생을 더 오래, 더 따뜻하게 지켜주고 싶다는 마음. 그 마음이 오랜 시간 속에서 조용히 자라, 이제는 하나의 구체적인 그림을 그려보게 되었다.

 '퇴역 경주마 센터'를 만들고 싶다는 생각. 거창하게 들릴지도 모르지만, 이건 어느 날 문득 떠오른 허황된 꿈이 아니다. 말과 함께한 수많은 하루하루 속에서, 조용히 그려진 진심이다.

　어떤 장소가 좋을까. 말에게도 사람에게도 숨 쉴 틈을 줄 수 있는 넓은 땅. 가능하다면 제주도, 그리고 30만 평 정도의 초지. 물론 아주 이상적인 규모다. 하지만 그만큼 '쉼'이라는 단어가 말에게도 온전히 허락되어야 한다는 뜻이기도 하다.

　센터의 시작은, 경주마로 살아온 말들을 받아들이는 일이다. 공모를 통해, 혹은 경마장에서 직접 기질이 좋은 말들을 선별해서. 센터로 들어온 말들은 먼저 진료를 받는다. 수의사로서 나는 이 첫 단계가 가장 중요하다고 생각한다. 기본적인 건강 상태를 확인하고, 회복이 필요한 아이들은 한 달에서 길게는 1년까지 충분히 쉬게 한다. 숨 고르듯, 천천히. 그동안 달리느라 놓쳤던 시간들을 회복하게 해주는 것이다.

　몸과 마음이 안정되면, 말마다 트레이닝을 시작한다. 트레이너와 수의사가 협업하여 각 말이 어떤 역할에 적합한지 천천히 살핀다. 마장마술, 장애물, 레저용, 체험마, 혹은 반려

마. 기질과 건강 상태에 따라 각자에게 맞는 길을 안내한다.

그다음은 새로운 가족을 찾아주는 과정이다. 센터는 각 말의 사진, 건강 상태, 트레이닝 결과, 성격, 기질 등을 정성껏 담아 웹사이트에 소개한다. 그건 단순한 정보가 아니라, 한 생명의 이력을 진심으로 기록하는 일이다. 브랜딩도 중요하다. 단순한 '분양'이 아니라, 전문적인 조련과 건강검진을 거친 말이 간다는 신뢰를 만드는 것. 수의학적 보증이 있는 말, 그리고 함께한 시간이 담긴 말. 그 신뢰를 바탕으로 사람과 말이 연결될 수 있기를 바란다.

입양을 희망하는 사람은 센터를 직접 방문해야 한다. 말을 보고, 타보고, 조언을 듣는다. 말도, 사람도. 함께할 준비가 되었는지, 서로를 확인하는 시간이다. 분양에는 기준이 있다. 말이 가는 환경과 시설이 일정 수준 이상이어야 하며, 분양비는 적정선에서 책정하되, 전액이 다시 센터를 운영하는 말을 위한 시스템에 쓰인다.

그리고 분양은 끝이 아니다. 일 년에 한두 번, 말이 간 곳을 직접 방문해 그 말의 건강검진과 훈련 컨설팅을 제공하는 사후 관리 시스템을 운영하고 싶다. 혹시라도 불가피한 사정으로 파양되는 일이 있다면, 그 말은 인제든 다시 센터로 돌아올 수 있어야 한다.

물론, 분양되지 못하는 말도 있다. 그 아이들을 위한 방법도 생각해두었다. 말의 이야기를 공개하고, 사람들이 그 말과 '후원 관계'를 맺을 수 있도록 하는 시스템. 제3국 아동을 1:1로 후원하듯, 말을 사랑하지만 현실적으로 기를 수는 없는 사람들이 한 마리의 말과 연결될 수 있게 한다.

언젠가 후원자가 제주를 찾는다면, 그 말과 함께 시간을 보내고 사진을 찍는다.

"저 말은 제 말이에요."

그렇게 말할 수 있다면, 그 사람의 삶 속에도 그 말은 오래오래 남게 될 것이다.

센터 안에는 작게나마 승마 공간도 함께 운영하고 싶다. 퇴역마들과 함께하는 프로그램, 단순한 체험이 아니라 말을 통해 배우는 '말 매개 학습Equine Assisted Learning'으로. 말을 돌보고, 관찰하고, 함께 걷고, 타는 모든 과정을 통해 사람이 스스로의 리듬을 회복할 수 있도록 돕는 시간. 청소년, 소외계층, 혹은 인생의 전환점 앞에 선 사람들에게 말이 다정하게 다가가길 바란다.

그리고 가능하다면, 말과 함께하는 리더십 캠프도 열수 있다. 짧게는 1주, 길게는 3주. 말이 교사가 되고, 사람이 학생이 되는 시간. 성인도 아이도 상관없다. 중요한 건 말 앞에서 나를 돌아보는 경험이다.

캠프의 인원을 수용 할 수 있는 작은 숙소도 함께 있으면 좋겠다. 숙소 밖으로 초지가 보이고, 그 초지 위에서 말이 한가로이 풀을 뜯고 있다면 더할 나위 없을 것 같다.

수익은 다시 말 복지를 위해 순환되는 구조로 운영하고 싶다. 물론 쉽지 않다는 걸 안다. 현실적인 어려움도, 시행착

오도 분명 많을 것이다. 하지만 말과 함께 걸어온 이 시간을 떠올릴 때마다 그 길을 외면할 수 없다는 마음이 든다.

이건 거창한 사명도, 누군가의 의무도 아니다. 그저 한 사람의 진심이고, 말을 사랑하는 마음에서 비롯된 작고 조용한 상상일 뿐이다.

아직은 나만의 상상에 불과할지도 모른다. 하지만 나는 알고 있다. 상상은, 한걸음 한걸음 내딛을 때 비로소 '길'이 된다는 것을.

그래서 지금은 아주 작게라도 조심스럽게 그 길을 걸어가 보고 싶다. 말이 사람에게 주었던 수많은 다정함을 이제는 사람이 말에게 돌려줄 차례니까.

그 길을 나 혼자 걸을 수는 없겠지만, 함께 걸어줄 수 있는 진심 어린 사람들이 어딘가에 있을 거라 믿는다.

그리고 언젠가— 그들과 함께, 천천히, 그러나 분명하게 우리가 함께 걸어갈 길을 말들 곁에, 사람 곁에 조용하지만 단단하게 만들어갈 수 있기를.

에필로그

말이 내게 남긴 것들

처음 말을 만난 순간을 아직도 기억합니다. 사막의 바람 속에서 조용히 나를 바라보던 그 눈빛. 그 눈빛 하나가, 내 삶의 방향을 천천히 바꾸어놓았습니다.

그 뒤로 오랫동안, 나는 말 곁에 있었습니다. 승마를 배우고, 수의사가 되어 많은 말의 숨결과 눈빛을 가까이에서 지켜보았습니다.

그들은 단 한 마디도 하지 않았지만, 나에게 가장 많은 말을 건넨 존재였습니다. 그 침묵 속에서 나는 신뢰를 배우고,

기다림과 책임, 그리고 겸손을 배웠습니다.

이 책은 말이 나에게 걸어온 이야기이자, 그 이야기를 가만히 되돌아보며 적어 내려간 기록입니다. 무언가를 설명하기 위해서가 아니라, 그저 말과 함께한 날들이 얼마나 깊고 다정했는지를 누군가와 나누고 싶다는 마음에서 시작한 글이었습니다.

살다 보면 때때로 마음이 방향을 잃을 때가 있습니다. 그럴 때마다 나는 말을 떠올렸습니다. 침착하게 눈을 맞추고, 느리게 호흡하며, 눈에 보이지 않는 마음의 신호를 먼저 읽어주던 존재.

말은 나에게 늘 먼저 다가왔고, 나는 그 조용한 걸음을 따라 조금씩 내 안의 속도를 조절할 수 있게 되었습니다.

퇴역한 말들에 대해 쓰는 일은 쉽지 않았습니다. 감정이 앞설 때도, 무력감을 느낄 때도 있었고, 내가 할 수 있는 일이 과연 있기는 할까, 실현을 할 수 있는 것들인가, 고민한 시간도 길었습니다.

하지만 이제는 압니다. 누군가의 조용한 질문이 모이면, 언젠가는 흐름이 되고, 그 흐름이 변화를 만든다는 것을.

말이 행복한 세상은, 사람에게도 분명 좋은 세상일 거라 믿습니다.

이 책을 끝까지 읽어주신 당신께 진심으로 고맙다는 말을 전하고 싶습니다. 말이라는 존재를 처음 알게 되었거나, 이미 곁에 있는 말과의 관계를 조금 더 깊이 바라보게 되었다면 그것만으로도 이 책의 모든 말들이 전해졌다고 생각합니다.

당신에게도, 말처럼 조용하지만 깊은 울림이 오랫동안 머물기를 바랍니다. 그리고 언젠가, 당신만의 '말 이야기'가 시작되기를.

                              2025년 봄, 제주에서 김다정 드림

부록

재미로 보는 내 말의 MBTI

말과 함께 배우는 성장의 시간, EAL

IFAR Aftercare Toolkit 6가지 전략

재미로 보는 내 말의 MBTI

말도 각자의 성격 유형이 있답니다.
아래 10개의 질문에 답하며,
당신의 말은 어떤 유형인지 알아보세요.
각 문항에서 A/B/C/D 중
가장 가까운 항목을 하나 골라
체크하세요.

말 성격 테스트

1. 새로운 장소에 도착하면?

    A. 활발히 탐색한다

    B. 조용히 주변을 관찰한다

    C. 경직되거나 도망간다

    D. 보호자 곁에 바짝 붙는다

2. 낯선 사람이 다가올 때?

    A. 먼저 다가간다

    B. 물러서서 지켜본다

    C. 깜짝 놀라 도망간다

    D. 사람 뒤로 숨거나 기대려 한다

3. 혼자 마방에 있을 때?

    A. 혼자서도 잘 지낸다

    B. 창밖을 오래 바라본다

    C. 울거나 서성인다

    D. 밥도 잘 안 먹는다

4. 새로운 훈련에 대한 반응은?

A. 금방 따라한다
B. 망설이다가 적응한다
C. 반복해야 겨우 익힌다
D. 보호자 반응을 유심히 살핀다

5. 가장 편안해 보일 때는?

A. 초지에서 뛰어놀 때
B. 조용히 풀을 뜯을 때
C. 친한 말과 있을 때
D. 사람이 옆에 있을 때

6. 갑작스러운 소리 반응은?

A. 바라보며 다가간다
B. 고개를 들고 주변을 살핀다
C. 놀라며 튄다
D. 사람 쪽으로 다가간다

7. 낯선 말과 만났을 때?

    A. 먼저 다가간다

    B. 일정 거리에서 관찰한다

    C. 피하거나 긴장한다

    D. 보호자 뒤에 선다

8. 보호자가 자리를 비우면?

    A. 신경 안 쓴다

    B. 주변을 살핀다

    C. 울거나 불안해한다

    D. 먹지 않거나 멍해진다

9. 낯선 물건을 보면?

    A. 냄새를 맡고 다가간다

    B. 가만히 바라본다

    C. 깜짝 놀란다

    D. 보호자에게 의지한다

10. 보호자 입장에서 자주 느끼는 말의 인상은?

　A. 밝고 활기차다

　B. 조용하고 사려 깊다

　C. 감정이 섬세하다

　D. 애착이 강하다

결과 확인

각 문항에서 고른 답의 알파벳을 세어보세요. A, B, C, D 중 가장 많이 고른 것이 당신의 말의 성격입니다.

※ 같은 개수가 나왔다면, 두 성격이 모두 있는 복합형 말이에요. 말도 사람처럼, 하루하루 달라질 수 있답니다.

A - 탐험가 말

"세상이 궁금해요! 어디든 같이 가볼까요?"

활발하고 외향적인 성격으로, 새로운 환경이나 자극에 금세 적응해요. 훈련 반응도 빠르고 주도적으로 움직이길 좋아해요. 지루함을 싫어하고, 몸을 써서 배우는 것에 흥미를 느껴요. 때로는 스스로 앞서 나가려는 경향이 있어요.

- **MBTI: ESFP / ENFP - 자유로운 탐험가형**
- **어울리는 보호자: 활동적이고 자주 말을 탈 수 있는 사람**

- **잘 맞는 활용:**
→ 레저 승마와 야외 트레킹에서 활력을 발휘해요.
→ 기초 교육 프로그램에 적합한 훈련 태도를 보여줘요.
→ 장애물 경기에 필요한 민첩성과 에너지를 지녔어요.

B – 생각 많은 말

"나는 천천히, 그리고 조용히 세상을 바라봐요."

신중하고 조용한 기질로, 낯선 자극엔 한 걸음 물러나 관찰해요. 익숙한 환경에선 차분하고 안정적인 태도를 보여줘요. 루틴과 일관성을 좋아하며, 보호자와의 관계에 점진적으로 마음을 열어요. 갑작스러운 변화보다는 예측 가능한 환경에서 안정감을 느껴요.

- **MBTI: ISTJ / ISFJ – 책임감 있는 현실주의자형**
- **어울리는 보호자:** 성격이 차분하고 일상을 규칙적으로 보내는 사람

- **잘 맞는 활용:**
→ 체험 승마장이나 유소년 승마 교육에 적합해요.
→ 초보자에게도 편안한 인상을 주는 말이에요.
→ 마장마술처럼 루틴 중심의 종목에서 집중력을 발휘해요.

C – 예민한 시인 말
"나는 작은 바람도 느껴요. 내 마음도, 조심히 안아주세요."

감각이 섬세하고 주변 자극에 민감해요. 낯선 환경에선 위축되지만, 신뢰가 쌓이면 감정 교류가 매우 깊어요. 보호자의 말 없는 마음까지도 읽어내는 능력이 있어요. 조용하고 안정된 공간에서 진가를 발휘하는 기질이에요.

- **MBTI: INFJ / INFP – 감성적 이상주의자형**
- **어울리는 보호자: 하루 대부분을 마방에서 보낼 수 있는 조용한 사람**

- **잘 맞는 활용:**
  → 정서 교감을 중심으로 하는 테라피 승마에 이상적이에요.
  → 영상 콘텐츠, 감성 마케팅용 말로도 강한 인상을 줘요.
  → 예민함을 훈련으로 조율하면 마장마술에서 뛰어난 집중력을 보여줘요.

D - 사랑꾼 말
"당신이 있으면 괜찮아요. 나는 언제나 곁에 있을게요."

사람과의 관계에서 안정감을 느끼는 말이에요. 신뢰하는 보호자 곁에 있을 때 가장 편안하고 침착해져요. 교감 능력이 뛰어나고, 손길에 쉽게 마음을 여는 친구예요. 낯선 환경엔 불안을 느낄 수 있지만, 사랑이 깊은 말이에요.

- MBTI: ENFJ / ISFP - 다정한 조력자형
- 어울리는 보호자: 말을 가족처럼 돌보고 자주 교감할 수 있는 사람

- 잘 맞는 활용:
→ 유소년 체험용 말로 안정감을 줄 수 있어요.
→ 초보자 대상 교육에 적합한 신뢰감 있는 기질이에요.
→ 충분한 교감과 신뢰가 있다면 장애물 입문용으로도 가능해요.

이제 당신의 말에게
꼭 맞는 길이 보이시나요?
기질은 바꿀 수 없지만,
이해와 선택은 우리의 몫입니다.
그 말이 가장 편안하고
빛날 수 있는 삶을
함께 찾아주세요.

말과 함께 배우는 성장의 시간, EAL

EAL이란 무엇인가요?

EAL^{Equine-Assisted Learning}, 즉 '말 매개 학습'은 말을 타는 활동을 넘어서, 말과의 직접적인 상호작용을 통해 사회적, 정서적, 인지적 성장을 이끄는 체험 중심 학습입니다. 말은 비언어적 신호에 민감한 동물로, 사람의 감정과 의도를 순간적으로 감지하고 이에 따라 반응합니다. 이러한 특성 덕분에, 말과 함께하는 활동은 우리의 자기 인식, 리더십, 팀워크, 공감 능력을 키워주는 거울이 됩니다.

EAL은 단순히 '말과 노는 활동'이 아닌, 체계적인 학습 이론과 상호작용 철학을 바탕으로 설계된 교육 과정입니다. 특히 Kolb의 체험 학습 이론에 기반하여 "직접 해보고, 되돌아보고, 깨닫고, 다시 적용해보는" 4단계 과정을 중심으로 운영됩니다.

또한, 말과 사람 간의 소통은 대부분 '신체 언어Body Language'를 통해 이루어집니다. 이는 말이 우리의 미묘한 움직임, 긴장감, 마음의 여유까지도 감지하고 반응한다는 의미이며, 덕분에 참가자는 자신의 감정과 행동을 자연스럽게 마주하게 됩니다.

<u>EAL의 주요 장점</u>

말은 지위나 역할에 관계없이 정직한 피드백을 주는 존재입니다. 이는 참가자에게 진정한 자기 성찰과 상호 존중의 경험을 제공합니다.

말과의 상호작용은 신뢰와 공감, 협력의 감각을 키우는

과정이 됩니다.

참가자들은 말의 반응을 통해 자신의 감정 상태와 의사소통 방식을 더 명확히 인식하게 됩니다.

EAL은 어떻게 이루어지나요?

<u>실제 활동의 흐름</u>

- **준비 단계** – 참가자들은 말과 함께할 수 있는 안전한 환경에 도착하여, 기본적인 신체 언어와 안전 수칙을 배우며 마음의 문을 엽니다.

- **말과의 상호작용** – 직접 말을 이끌어 보거나, 간단한 과제를 함께 수행하며 말과의 관계를 형성합니다. 여기서 중요한 건 '얼마나 잘했는가'가 아니라 '어떤 감정과 관계가 오갔는가'입니다.

- **성찰과 피드백** – 활동 후 퍼실리테이터의 안내로 참가

자들은 경험을 되돌아보고, 그것이 내 삶에 어떤 의미를 가졌는지 조용히 나누게 됩니다.

<u>대표적인 활동 예시</u>

- **첫 만남**Meet and Greet: 말에게 말을 걸지 않고 비언어적으로 접근해보는 활동. 말의 반응을 통해 자신의 감정 상태를 점검하고, 신뢰를 천천히 쌓아갑니다.

- **리드 로프 워크**Lead Rope Walk: 말과 일정한 거리를 유지하며 함께 걷는 활동. 관계 형성과 리더십, 비언어적 소통의 감각을 익힙니다.

- **장애물 극복하기**Obstacle Course: 참가자 또는 팀이 말을 이끌며 다양한 장애물을 통과해보는 활동. 협력, 문제 해결, 인내심을 기를 수 있습니다.

- **나의 그림자**Me and My Shadow: 말을 따라 걷거나 말이 자신을 따라오게 유도하는 활동. 관계에서의 주도성과 공감 능

력을 배웁니다.

• **침묵의 내화**Silent Conversation: 말과의 교감을 오직 몸짓과 에너지로만 나누는 활동. 비언어적 감정 표현과 인식 능력을 키웁니다.

• **스토리텔링 활동**Storytelling with Horses: 말과 함께 한 경험을 바탕으로 짧은 이야기를 만들어보고 공유합니다. 내면의 감정과 관계를 표현하는 창의적 경험입니다.

<u>EAL이 사용되는 분야</u>

• **자기 성장**: 자신감, 자기 인식, 스트레스 회복

• **조직 개발**: 리더십, 팀워크, 갈등 관리 훈련

• **심리·정서 회복**: 트라우마 치유, 불안 완화, 사회성 회복

퍼실리테이터의 역할

EAL을 이끄는 퍼실리테이터는 말과 인간, 그리고 학습을 모두 이해하는 사람이어야 합니다. 참가자의 작은 표현 하나도 놓치지 않고, 말의 신호와 연결 지어 해석해주는 통역자이자 안내자입니다.

윤리적 배려

말은 이 과정의 '도구'가 아닌 함께하는 동료이자 교사입니다. 말의 복지와 감정 상태를 세심하게 배려하며, 강요 없는 존중의 관계 안에서 EAL은 진정한 배움이 됩니다.

말과 함께할 때, 우리는 말에게 가르치기보다 말에게 배우게 됩니다. 그 배우는 과정은 조용하고 깊지만, 때로는 우리의 삶 전체를 변화시킬 수 있는 큰 울림을 줍니다.

IFAR Aftercare Toolkit 6가지 전략

국제 경주마 사후관리 포럼IFAR은 퇴역한 경주마가 건강하고 존엄하게 제2의 삶을 살 수 있도록, 세계 각국에 적용 가능한 6가지 관리 전략을 제시합니다. 'Aftercare Toolkit'이라 불리는 이 전략은 말과 함께한 이들이 꼭 한 번쯤 고민해볼 만한 질문으로 시작합니다.

'이 말은 앞으로 어떤 삶을 살 수 있을까?'

이 툴킷은 그에 대한 실질적인 방향을 알려줍니다.

1. 생애주기 관리 Lifecycle Management

말의 출생부터 은퇴 후까지, 모든 과정을 추적해 기록하는 시스템입니다. '이 말이 어디서 태어나 어떤 삶을 살아왔는지' 알 수 있어야 책임도 함께할 수 있습니다.

2. 전환 전략 Transitioning Strategies

경주가 끝난 뒤, 말이 새로운 역할(승용, 마장마술, 치료마 등)로 전환될 수 있도록 재훈련과 재배치를 돕는 전략입니다. 말의 기질과 능력에 따라 맞춤형 기회를 제공합니다.

3. 안전망 Safety Net

부상이 있거나 성격이 까다로운 말들도 있기 때문에 모든 말이 쉽게 입양되진 않습니다. 이런 말들을 위한 보호소나 긴급 지원 체계를 만들어 누구도 소외되지 않도록 합니다.

4. 치료마 & 지역사회 연결 Therapy & Community Engagement

퇴역 경주마는 전쟁 참전용사, 장애 아동, 우울증 환자 등을 위한 '치유의 친구'가 될 수도 있어요. 말은 우리가 생각하는 것보다 훨씬 깊은 위로를 줄 수 있는 존재입니다.

5. 품종 홍보 & 인식 개선 Thoroughbred Advocacy

'경주마는 다루기 어렵다'는 편견을 바꾸기 위한 노력입니다. 서러브레드도 성격이 온화하고 훈련에 잘 반응하는 품종임을 알리고, 그 가치가 낮게 평가되지 않도록 보호합니다.

6. 네트워킹 Networking

하나의 기관이 다 할 수는 없습니다. 말 복지를 위해 경마 산업, 수의사, 승마장, 지역사회, 정부, NGO가 함께 협력하는 연결망을 만드는 전략입니다.

퇴역한 말도 삶이 계속됩니다.

그 삶이 평온하고 안전하도록, 우리는 어떤 구조를 준비할 수 있을까요? IFAR가 이야기 해 주는 Aftercare Toolkit은 그 출발점이 될 수 있습니다.

1판 1쇄 발행일	2025년 6월 25일
지은이	김다정
일러스트	박수민
펴낸이	황준연
표지 본문 디자인	오형석
펴낸곳	작가의 집
출판사등록	2024.2.8(제2024-9호)
주소	제주도 제주시 화삼북로 136, 102-1004
이메일	huang1234@naver.com
연락처	010-7651-0117
홈페이지	https://class.authorshouse.net
ISBN	979-11-990621-9-1(03810)

· 이 책은 저작권법에 의하여 보호를 받는 저작물이므로 무단 전재와 복제를 금합니다.
· 파본은 구입하신 서점에서 교환해드립니다.